douceurs
de nos régions

douceurs
de nos régions

EDITIONS ATLAS

Édité par:
Éditions Glénat
© Éditions Atlas, MMVIII-MMXI
© Éditions Glénat, pour l'adaptation, MMXII

Editions Glénat
Couvent Sainte-Cécile
37, rue Servan
38000 Grenoble

Cet ouvrage est une édition partielle de l'encyclopédie «Mon Atelier de pâtisserie » publiée par les Éditions Atlas, œuvre collective
à laquelle ont contribué : Gilles Laurendon, directeur de collection et auteur ; Coralie Adnet, Laurence Laurendon, Yann Leclerc
et Serge Ribeiro, auteurs ; Jean-Louis Packard, conception graphique ; Carmèle Délivré , directrice artistique prises de vue.

Crédits photographiques
Couverture : Viel/Photocuisine
Intérieur :
Marianne Paquin : 10, 16, 18, 22, 30, 34, 40, 50, 58, 64, 72-78, 90, 100, 110, 118, 122, 128, 130, 134, 136, 142, 146. Jean-Baptiste Pellerin :
24-28, 36, 42-48, 54-56, 60, 66, 70, 82, 92, 96, 102, 106, 114, 126, 138-140, 144, 150, 152, 156. Jean-François Rivière : 12, 14, 20, 32, 38,
62, 68, 84-88, 94, 98, 104, 108, 112, 116, 120, 132, 148, 154. Sudres/Photocuisine : 8 ; Asset/Photocuisine : 52 ; Bilic/Photocuisine : 80 ;
Roulier/Turiot/Photocuisine : 124.

Stylisme
Perrine Mercat : 24-28, 36, 42-48, 54-56, 60, 66, 70, 82, 92, 96, 102, 106, 114, 126, 138-140, 144, 150-152, 156. Marianne Paquin : 10, 16-18,
22, 30, 34, 40, 50, 58, 64, 72-78, 90, 100, 110, 118, 122, 128-130, 134-136, 142, 146. Julie Schwob : 12, 14, 20, 32, 38, 62, 68, 84-88, 94, 98,
104, 108, 112, 116, 120, 132, 148, 154.

Accessoires culinaires Mathon. Catalogue au 0 892 391 100 (0,34 €/mn) et www.mathon.fr

Mise en page : François Barillec
Prepresse et fabrication : Glénat Production

Achevé d'imprimer en février 2012 en Espagne par Indice S.L.
Calle fluvia num 87-87 bajos
08019 Barcelone
Le papier utilisé pour la réalisation de ce livre provient de forêts gérées de manière durable.

Dépôt légal : mars 2012
ISBN : 978-2-7234-8804-4

Introduction

Partez à la découverte des régions de France et de leurs spécialités avec cet ouvrage de plus de soixante-dix recettes de desserts.

On retrouvera dans ce livre les gâteaux et douceurs emblématiques de nos régions, comme le far breton, la galette des rois bordelaise, le strudel alsacien, le gâteau ardéchois aux marrons.

C'est aussi l'occasion de redécouvrir des desserts, comme le tourteau poitevin, les mirlitons de Rouen, la pompe à l'huile d'olive, le pastis landais, le gâteau du Périgord, le baba lorrain, autant de bons gâteaux et douceurs qui sentent bon le terroir...

Toutes ces recettes sont bien sûr accompagnées de la liste des ingrédients, des temps de préparation et de cuisson, des tours de main ; des variantes sont également proposées.

Grâce à cet ouvrage, vous pourrez redécouvrir des saveurs authentiques empreintes de tradition, transmises de génération en génération.

L'éditeur

❯ Sommaire

Liquide

❯❙ Gâteaux et douceurs du nord-ouest

La brioche *normande*

❯ Ingrédients *6 personnes*

- 18 g de levure fraîche
- 2 cuil. à soupe d'eau tiède
- 150 g de beurre + 10 g pour le moule
- 10 cl de lait
- 500 g de farine + 10 g pour le moule
- 3 œufs
- 2 pincées de sel
- 190 g de sucre
- 1 cuil. à café d'huile

❯ Ustensiles

- 1 bol
- 1 fouet
- 1 casserole
- 3 saladiers
- 1 moule à charlotte

1 Émiettez la levure et délayez-la dans un bol avec l'eau tiède.

2 Faites fondre le beurre dans une casserole. Mélangez le beurre fondu et le lait dans un saladier.

3 Mélangez dans un autre saladier la farine avec les œufs battus, le sel, la levure délayée, le sucre et le beurre fondu.

4 Travaillez la pâte environ 5 minutes. Formez une boule de pâte et déposez-la dans un saladier huilé.

5 Couvrez la pâte d'un linge et placez-la dans un endroit chaud et à l'abri des courants d'air pendant 2 heures.

6 Préchauffez le four à 180° (th. 6). Beurrez et farinez le moule. Garnissez le moule de pâte. Mettez à cuire environ 40 minutes. Démoulez sur une grille et laissez refroidir.

❭ Les conseils du chef pâtissier

● Utilisez des produits à température ambiante pour faciliter la levée de la pâte.

● Badigeonnez le dessus de la brioche d'un peu de lait pour lui donner un bel aspect doré.

● Si vous n'avez pas de moule à charlotte, vous pouvez utiliser un moule rond à bords hauts.

La brioche *parisienne*

❯ Ingrédients

- 10 g de levure fraîche
- 7 cl d'eau tiède
- 300 g de farine tamisée
- 2 œufs entiers + 1 jaune
- 50 g de sucre semoule

- 1/2 cuil. à soupe de sel
- 115 g de beurre mou découpé en dés + 10 g pour le moule

❯ Ustensiles

- 2 bols
- 1 spatule
- 2 saladiers
- 1 moule à brioche d'environ 16 cm de diamètre
- 1 pinceau à pâtisserie

1 Émiettez la levure dans un bol avec l'eau tiède.

2 Mélangez la farine dans un saladier avec les œufs entiers battus, le sucre et le sel. Incorporez la levure délayée. Ajoutez le beurre.

3 Travaillez la pâte environ 12 minutes. Formez une boule de pâte. Déposez-la dans un saladier, couvrez d'un linge et laissez lever dans un endroit frais pendant 7 heures.

4 Séparez la pâte en 2 boules selon les proportions suivantes : 1/3 et 2/3. Allongez la petite boule en forme de poire en pinçant la pâte avec vos doigts.

5 Beurrez légèrement le moule. Déposez la grosse boule au fond du moule. Percez-la en enfonçant 2 doigts préalablement farinés dans la pâte. Vous devez sentir le fond du moule.

6 Placez la petite boule dans le creux. Appuyez légèrement avec votre index fariné sur le pourtour de la poire pour qu'elle s'enfonce bien. Laissez gonfler 3 h dans un endroit chaud. Préchauffez le four à 180° (th. 6). Badigeonnez la brioche de jaune d'œuf battu. Mettez à cuire 35 minutes. Démoulez sur une grille.

❭ Les conseils du chef pâtissier

● Vous pouvez placer la pâte dans la partie la moins froide de votre réfrigérateur pour le premier temps de levée.

● Si vous n'avez pas de moule spécial brioche, utilisez un moule à charlotte.

● **Dégustation :** Vous pouvez servir cette brioche au petit déjeuner ou au goûter avec une bonne compote de fruits frais.

Le broyé *du Poitou*

❯ Ingrédients *6 personnes*

- 250 g de farine
- 125 g de sucre
- 1 pincée de sel
- 125 g de beurre de Charente mou
- 1 œuf entier + 1 jaune

❯ Ustensiles

- 1 saladier
- 1 rouleau à pâtisserie
- 1 bol
- 1 pinceau à pâtisserie

1 Préchauffez le four à 180° (th. 6). Dans un saladier, mélangez la farine, le sucre et le sel.

2 Ajoutez le beurre mou puis l'œuf entier. Pétrissez la pâte pour obtenir un mélange homogène.

3 Recouvrez la plaque du four de papier sulfurisé. Étalez la pâte sur environ 1 cm d'épaisseur.

4 Utilisez une fourchette pour réaliser le quadrillage de la pâte.

5 Mélangez le jaune d'œuf avec quelques gouttes d'eau pour le rendre plus fluide puis, à l'aide d'un pinceau, dorez la pâte.

6 Faites cuire 20 minutes. Laissez refroidir sur une grille.

❯ Les conseils du chef pâtissier

● **Variante 1 :** Vous pouvez utiliser du beurre demi-sel. Dans ce cas, ne mettez pas la pincée de sel.

● **Variante 2 :** Vous pouvez aromatiser votre pâte avec un peu de liqueur d'amandes.

● **Variante 3 :** Vous pouvez parsemer votre broyé d'amandes effilées.

● **Dégustation :** Selon la tradition, le broyé du Poitou se brise d'un coup de poing.
On sert ensuite les morceaux de gâteau broyé avec le café.

Le cake *breton*

❯ Ingrédients *6 personnes*

- 150 g de farine tamisée
- 1/2 sachet de levure chimique
- 150 g de sucre semoule
- 150 g de beurre demi-sel mou
- 4 œufs
- 10 cl de crème fraîche liquide
- 1 pincée de sel
- 20 g de beurre doux

❯ Ustensiles

- 3 saladiers
- 1 bol
- 1 fouet
- 1 fouet électrique
- 1 moule à cake d'environ 22 cm

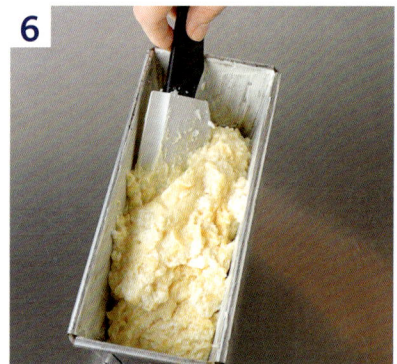

1 Préchauffez le four à 170° (th. 5-6). Mélangez la farine et la levure chimique. Ajoutez le sucre et mélangez.

2 Découpez le beurre en dés. Incorporez-le dans le mélange à base de farine.

3 Cassez les œufs et séparez les blancs des jaunes. Battez les jaunes dans un bol. Ajoutez-les dans la pâte.

4 Incorporez la crème fraîche dans la pâte.

5 Montez les blancs en neige avec le sel. Incorporez-les dans la pâte.

6 Beurrez le moule. Garnissez le moule de pâte. Mettez à cuire pendant 40 minutes. Démoulez à la sortie du four et laissez refroidir sur une grille.

❭ Les conseils du chef pâtissier

● Ce cake breton mérite un excellent beurre demi-sel et une très bonne crème fraîche.

● **Variante 1 :** Vous pouvez parfumer le cake à la sortie du four avec 1 cuil. à soupe de rhum.

● **Variante 2 :** Vous pouvez couvrir le dessus du cake de fines lamelles de pomme avant de le mettre à cuire au four. Badigeonnez ensuite le cake cuit d'une couche de gelée d'abricots tiédie pour lui donner un bel aspect brillant.

Le far breton *à la poêle*

> Ingrédients *6 personnes*

- 2 œufs
- 75 g de farine
- 70 g de sucre semoule
- 8 cl de lait
- 6 pruneaux dénoyautés
- 10 g de beurre salé

> Ustensiles

- 2 saladiers
- 1 fouet
- 1 tamis
- 1 poêle d'environ 22 cm de diamètre

1 Fouettez les œufs dans un saladier. Prélevez 2 cuil. à soupe de sucre et réservez. Mélangez dans un autre saladier la farine et le sucre.

2 Versez le mélange de farine et de sucre dans les œufs fouettés en vous aidant d'un tamis. Ajoutez peu à peu le lait.

3 Découpez les pruneaux en petits dés. Ajoutez les pruneaux dans la pâte.

4 Faites fondre le beurre dans une poêle. Versez la pâte dans la poêle, couvrez et laissez cuire à feu doux 10 minutes.

5 Retournez le far sur une assiette. Placez-le dans la poêle pour le faire cuire de l'autre côté environ 10 minutes.

6 Saupoudrez le far de sucre. Découpez de petits carrés. Servez aussitôt.

❭ Les conseils du chef pâtissier

● Pour obtenir des pruneaux encore plus moelleux, faites-les tremper
pendant 30 minutes dans un grand bol rempli de thé tiède.
● **Variante 1 :** Vous pouvez ajouter 1 ou 2 sachets de sucre vanillé dans votre pâte.
● **Variante 2 :** Vous pouvez aussi faire cuire ce far pendant 20 minutes au four à 180° (th. 6).

Le far breton *à la rhubarbe*

❯ Ingrédients *6 personnes*

- 600 g de rhubarbe
- 200 g de farine
- 150 g de sucre semoule
- 2 pincées de vanille en poudre
- 2 pincées de sel

- 5 œufs
- 1 l de lait
- 2 cl de rhum
- 20 g de beurre mou
- 5 cuil. à soupe de cassonade

❯ Ustensiles

- 1 saladier
- 1 spatule
- 1 plat à gratin

1 Épluchez la rhubarbe, rincez-la et découpez-la en dés. Préchauffez le four à 220° (th. 8).

2 Mélangez la farine avec le sucre semoule, la vanille et le sel. Creusez un puits et déposez les œufs. Mélangez en incorporant peu à peu les œufs dans la pâte.

3 Versez peu à peu le lait et mélangez en une pâte onctueuse. Ajoutez le rhum.

4 Beurrez le plat. Déposez la rhubarbe dans le plat. Saupoudrez de cassonade.

5 Couvrez la rhubarbe de pâte.

6 Mettez à cuire environ 20 minutes, baissez la température à 180° (th. 6) puis poursuivez la cuisson encore 15 à 20 minutes. Laissez ensuite refroidir dans le plat avant de servir.

❯ Les conseils du chef pâtissier

● Choisissez de préférence un lait entier qui apportera du moelleux à votre préparation.

● **Variante :** Vous pouvez réaliser un mélange pour moitié de fraises et de rhubarbe.

Le kouing-amann

> Ingrédients *8 personnes*

- 10 g de levure de boulanger
- 25 cl d'eau chaude
- 450 g de farine
- 300 g de beurre demi-sel
  + 10 g pour le moule
- 300 g de sucre

> Ustensiles

- 1 bol
- 1 saladier
- 1 rouleau à pâtisserie
- 1 moule à gâteau rond
  (ou 1 moule à tarte de 24 cm
  de diamètre)

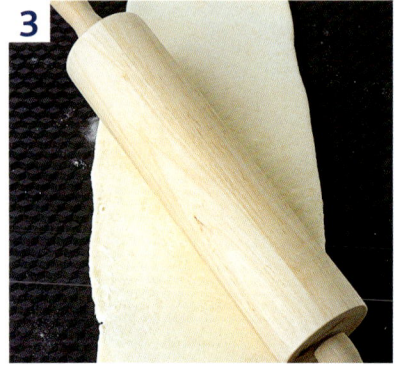

1 Délayez la levure dans l'eau chaude. Versez la farine dans un saladier, ajoutez la levure, mélangez bien, roulez en boule puis laissez reposer 20 minutes.

2 Avec le rouleau à pâtisserie, formez une sorte de croix avec la pâte. Posez le beurre ramolli au centre (pas trop près des bords) et saupoudrez de sucre. Pliez les 4 coins vers le centre. Étalez de sorte à former une bande rectangulaire face à vous, pliez en 3 (ouverture vers le haut) puis laissez reposer 20 minutes.

3 Tournez la pâte d'un quart de tour (ouverture vers la droite) et étirez-la de nouveau en forme de rectangle. Saupoudrez de sucre, pliez en 3 et laissez reposer 20 minutes.

4 Recommencez l'opération encore une fois. Saupoudrez le reste du sucre, pliez en 3 et laissez reposer 20 minutes.

5 Préchauffez le four à 200° (th. 6-7). Beurrez le moule puis donnez la forme souhaitée à la pâte (ronde si c'est un plat à tarte par exemple). Disposez la pâte dans le moule et faites cuire 40 minutes.

6 Laissez reposer quelques instants, démoulez sur une grille et servez tiède.

❭ Les conseils du chef pâtissier

● Le beurre ne doit pas être trop près des bords au départ, sinon il risque de fuir sur les côtés.

● Si la pâte s'effrite à la fin, c'est à cause de la levure. Formez alors votre pâte directement dans le moule.

● **Dégustation :** Servez ce gâteau breton avec un bon cidre, de l'hydromel ou du chouchen.

Le massepain *d'Issoudun*

❯ Ingrédients *4 personnes*

- 250 g de poudre d'amandes
- 250 g de sucre glace
  + 4 cuil. à soupe
- 250 g de blancs d'œufs
  (env. 8 blancs)
- 4 oranges
- 1 cuil. à soupe d'eau
  de fleur d'oranger

❯ Ustensiles

- 1 saladier
- 1 spatule
- 1 cercle à pâtisserie
- 1 spatule plate
- 4 assiettes creuses
- 1 bol

1 Préchauffez le four à 140° (th. 4-5). Dans un saladier, mélangez la poudre d'amandes, 250 g de sucre glace et les blancs d'œufs (réservez-en 2 cuil. à soupe) jusqu'à l'obtention d'une pâte consistante.

2 Recouvrez la plaque pour le four de papier sulfurisé et déposez le cercle à pâtisserie dessus.

3 Versez la pâte obtenue dans le cercle et lissez le dessus à l'aide d'une spatule plate. Faites cuire 35 minutes.

4 Pelez à vif les oranges (ôtez leur peau blanche) et répartissez-les dans les assiettes creuses. Pressez le jus restant sur les oranges puis versez quelques gouttes d'eau de fleur d'oranger.

5 Dans un bol, mélangez le reste de sucre glace avec le blanc d'œuf réservé. Vous devez obtenir une pâte souple mais pas trop liquide.

6 Versez la glace royale (sucre glace et blanc d'œuf) sur le dessus du massepain sorti du four puis lissez rapidement avec la spatule plate. Enfournez 10 minutes à 100° (th. 5-6). Servez avec la salade d'oranges.

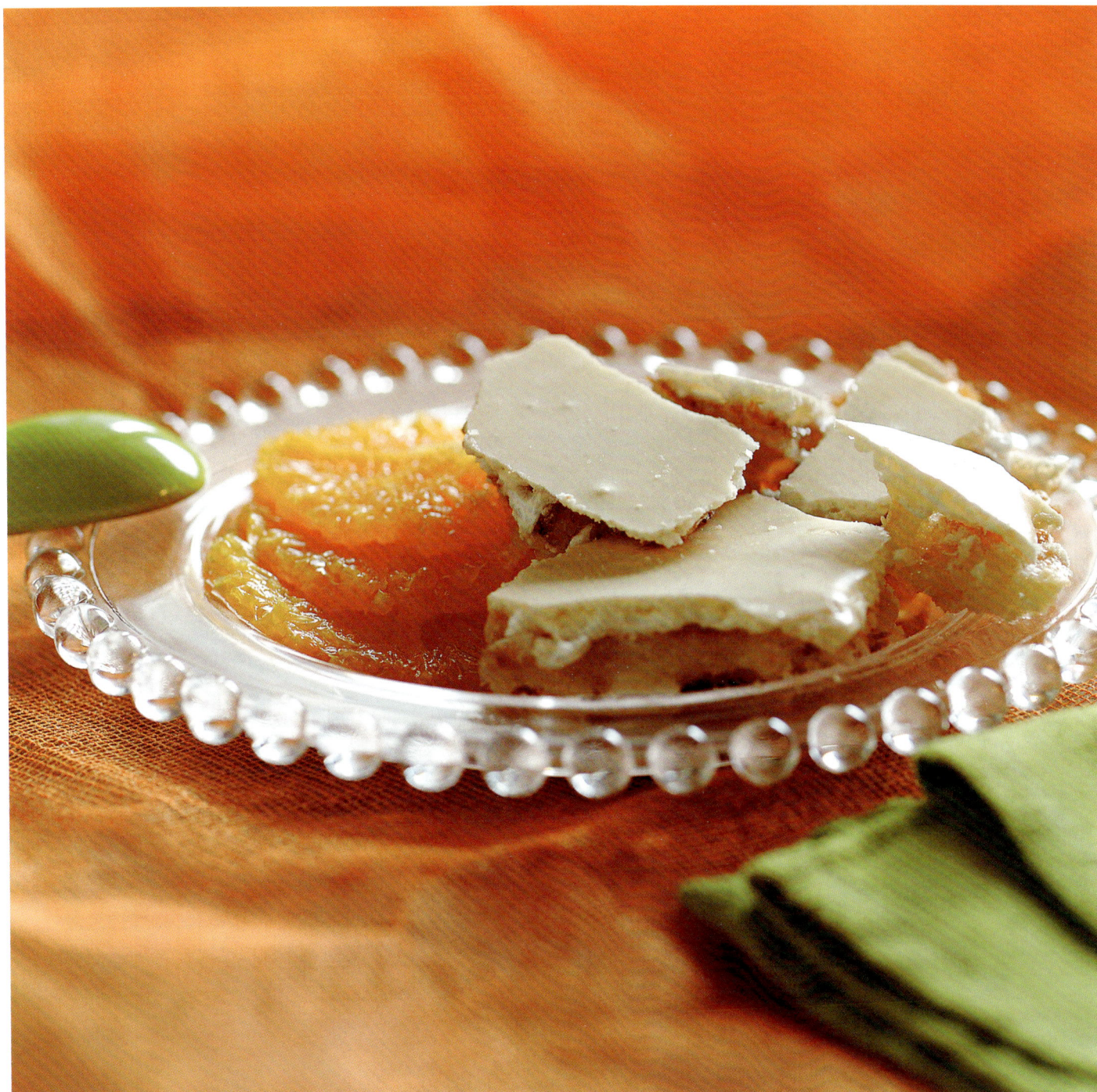

❯ Les conseils du chef pâtissier

● Incorporez les blancs progressivement aussi bien pour le massepain que pour la glace royale,
sinon vous risquez d'avoir des pâtes trop liquides.

● **Variante 1 :** Parfumez votre massepain avec d'autres arômes (eau de rose, vanille, cannelle...).

● **Variante 2 :** Vous pouvez parfumer votre salade d'oranges avec du sucre vanillé.

Le pithiviers

❯ **Ingrédients** *8 personnes*

- 500 g de pâte feuilletée
- 1 œuf
- 1 cuil. à soupe de sucre glace

Pour la crème d'amandes

- 100 g de beurre mou
- 100 g de sucre ● 2 œufs
- 100 g d'amandes en poudre
- 1/2 cuil. à café de vanille liquide
- 1/2 cuil. à café de rhum

❯ **Ustensiles**

- 1 saladier ● 1 bol
- 1 fouet ● 1 tamis
- 1 spatule ● 1 rouleau à pâtisserie
- 1 assiette ou 1 cercle à pâtisserie de 16 cm de diamètre
- 1 poche à douille ● 1 douille unie
- 1 pinceau à pâtisserie

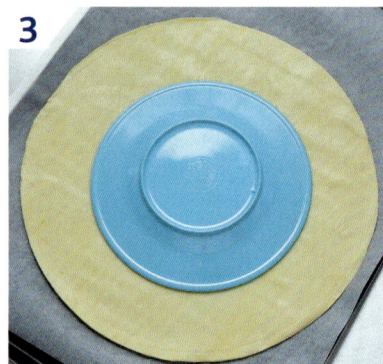

1 Préchauffez le four à 220-230° (th. 7-8). Travaillez le beurre dans le saladier à l'aide d'un fouet. Versez le sucre et fouettez jusqu'à ce que le mélange soit crémeux. Ajoutez les œufs un par un et fouettez.

2 Ajoutez les amandes au mélange à l'aide d'une spatule. Parfumez avec la vanille et le rhum et réservez.

3 Formez 2 cercles de 24 cm de diamètre avec la pâte feuilletée. Déposez un cercle sur une plaque de four recouverte de papier sulfurisé et réservez l'autre au frais. Marquez légèrement le centre de la pâte avec une assiette de 16 cm de diamètre (elle vous guidera pour étaler la crème d'amandes).

4 Remplissez la poche à douille munie d'une douille unie avec la crème d'amandes. Répartissez-la à l'intérieur du cercle préalablement marqué. Battez l'œuf dans un bol et dorez au pinceau le tour du cercle.

5 Recouvrez le cercle de pâte garni de crème d'amandes avec l'autre cercle de pâte. Collez les bords en appuyant légèrement avec les doigts. Laissez reposer le pithiviers pendant 30 minutes au frais.

6 Donnez au contour la forme d'une rosace puis rayez le dessus à l'aide de la pointe d'un couteau. Dorez à l'aide du pinceau. Faites cuire 35 à 40 minutes et réduisez la température à 200° (th. 6-7) après 15 minutes.

❯ Les conseils du chef pâtissier

● Vous pouvez fabriquer la rosace à l'aide d'un emporte-pièces ou d'un couteau.

● **Variante 1 :** Vous pouvez garnir votre pâte feuilletée avec de la compote de pommes.

● **Variante 2 :** Vous pouvez parfumer la crème d'amandes avec du cognac ou du calvados.

● **Dégustation :** Servez le pithiviers tiède avec du sucre glace.

Le tourteau *poitevin*

❯ Ingrédients *4 personnes*

- 250 g de farine
- 150 g de beurre mou
- 3 g de sel + 1 pincée pour les blancs en neige
- 1 cuil. à soupe d'eau
- 250 g de fromage de chèvre frais
- 150 g de sucre
- 5 œufs
- 50 g de fécule
- 3 cuil. à café de kirsch

❯ Ustensiles

- 3 saladiers
- 1 fouet ● 1 fouet électrique
- 1 rouleau à pâtisserie
- 1 moule à manqué
- 1 maryse ● 1 spatule plate

1 Préchauffez le four à 260° (th. 8-9). Préparez une pâte brisée en mélangeant 200 g de farine, le beurre mou, le sel et l'eau. Laissez-la reposer au frais pendant 30 minutes.

2 Dans un saladier, versez le fromage frais égoutté, le sucre, 2 œufs entiers et 3 jaunes d'œufs (réservez les blancs). Écrasez le tout à la fourchette ou au fouet et mélangez bien.

3 Ajoutez le reste de farine, la fécule et le kirsch. Montez les blancs en neige ferme avec le sel. Réservez au frais.

4 Étalez la pâte puis garnissez le moule.

5 Incorporez les blancs d'œufs à la préparation à l'aide d'une maryse. Versez le mélange dans le moule en lissant rapidement à l'aide d'une spatule.

6 Enfournez pendant 45 minutes (le dessus du gâteau doit brûler). Démoulez sur une grille puis dégustez.

❯ Les conseils du chef pâtissier

● Attention, suivant les fours, il peut être nécessaire de baisser un peu la température.

● **Variante 1 :** Utilisez un autre alcool pour parfumer la préparation, du rhum par exemple.

● **Variante 2 :** Vous pouvez remplacer le fromage de chèvre frais par de la brousse.

Les carrés normands *au cidre doux*

> ❯ Ingrédients *6 personnes*

- 15 cl de lait
- 1 gousse de vanille
- 250 g de pain brioché
- 12 cl de cidre
- 65 g de sucre semoule

- 3 œufs
- 3 pincées de cannelle en poudre
- 50 g de beurre
- 20 g de sucre glace

> ❯ Ustensiles

- 2 casseroles
- 1 saladier ● 1 fouet
- 1 assiette creuse
- 1 poêle
- 1 passoire fine

1 Faites tiédir le lait avec la gousse de vanille fendue en 2. Ôtez du feu, couvrez et laissez infuser. Découpez le pain brioché en tranches épaisses puis en petits carrés.

2 Versez le cidre dans une casserole. Portez au frémissement puis ajoutez le sucre semoule. Mélangez et laissez fondre le sucre en laissant cuire à feu doux. Ôtez du feu et laissez refroidir le sirop.

3 Fouettez les œufs dans un saladier puis ajoutez le lait parfumé à la vanille et les 3 pincées de cannelle en poudre.

4 Versez le mélange œufs-lait dans une assiette creuse. Couvrez chaque carré de pain brioché d'un peu de sirop au cidre.

5 Passez chaque carré de pain dans le mélange à base de lait et d'œufs.

6 Faites chauffer une noisette de beurre dans une poêle. Faites dorer les carrés de pain brioché de chaque côté. Servez chaud en saupoudrant d'un peu de sucre glace.

❯ Les conseils du chef pâtissier

● Un pain brioché un peu rassis donnera une meilleure tenue à la cuisson.

● Choisissez de préférence un cidre doux.

● **Variante :** Vous pouvez aussi saupoudrer les carrés normands de cassonade parfumée à la cannelle.

Les crêpes *berrichonnes*

NORD-OUEST

❯ Ingrédients *6 personnes*

- 10 g de beurre
- 4 poires
- 1 citron non traité
- 120 g de farine
- 20 cl de lait ● 4 œufs

- 100 g de sucre semoule
- 2 sachets de sucre vanillé
- 2 cuil. à soupe d'huile
- 5 cl de rhum
- 2 cuil. à soupe de sucre glace

❯ Ustensiles

- 1 casserole
- 1 zesteur
- 1 saladier
- 1 fouet ● 1 poêle
- 1 louche ● 1 spatule plate

1 Faites fondre le beurre dans une casserole et ôtez du feu.

2 Épluchez les poires, coupez-les en 4, ôtez le cœur et les pépins puis découpez-les en petits dés. Rincez le citron, essuyez-le et râpez finement le zeste.

3 Mélangez la farine avec le lait dans un saladier. Incorporez ensuite les œufs, le sucre semoule, le sucre vanillé, le beurre fondu et le zeste de citron râpé.

4 Faites chauffer un peu d'huile dans une poêle. Versez une louche de pâte dans la poêle et laissez cuire 2 à 3 minutes. Puis retournez la crêpe et poursuivez la cuisson encore 2 à 3 minutes.

5 Déposez 1 cuil. à soupe de dés de poire et laissez cuire 2 à 3 minutes.

6 Arrosez la crêpe de quelques gouttes de rhum puis flambez-la. Saupoudrez de sucre glace et servez aussitôt. Poursuivez la cuisson des autres crêpes de la même manière.

❯ Les conseils du chef pâtissier

● Vous pouvez préparer votre pâte la veille et la conserver au réfrigérateur jusqu'au lendemain.

● Amusez-vous à confectionner des mini-crêpes en utilisant une poêle plus petite.

● **Variante :** Votre pâte sera très agréablement parfumée si vous ajoutez 1 cuil. à soupe de rhum.

Les douillons de poires *à la cardamome*

❯ Ingrédients *4 personnes*

- 4 poires
- 200 g de pâte feuilletée
- 4 cuil. à café de gelée de groseilles
- 1 jaune d'œuf
- 30 cl de lait
- 4 graines de cardamome
- 150 g de sucre en poudre

❯ Ustensiles

- 1 bol
- 1 pinceau à pâtisserie
- 2 casseroles

1 Préchauffez le four à 210° (th. 7). Lavez et évidez les poires sans les éplucher.

2 Découpez la pâte feuilletée en 4 morceaux. Déposez chaque poire sur son morceau de pâte.

3 Garnissez chaque poire d'une cuillère à café de gelée de groseilles. Enveloppez les poires dans la pâte feuilletée en soudant bien les bords.

4 Délayez le jaune d'œuf avec un peu d'eau puis badigeonnez la pâte à l'aide d'un pinceau. Laissez reposer au frais pendant 1 heure puis faites cuire 20 minutes.

5 Faites chauffer le lait avec les graines de cardamome puis laissez infuser hors du feu. Versez le sucre dans une autre casserole et faites-le caraméliser.

6 Une fois qu'il a pris une belle couleur, versez le lait infusé dans la casserole puis portez le caramel à ébullition. À la sortie du four, servez les poires avec la sauce caramel.

❯ Les conseils du chef pâtissier

● Vous pouvez remplacer le lait par de la crème pour obtenir une sauce plus épaisse.

● **Variante 1 :** Vous pouvez infuser d'autres épices dans le lait (vanille, cannelle…).

● **Variante 2 :** Utilisez la gelée d'un autre fruit ou utilisez du chocolat pour garnir les poires.

Les mirlitons

> Ingrédients *6 personnes*

- 4 œufs
- 100 g de sucre + 10 g pour les moules
- 20 cl de crème fraîche
- 60 g de poudre d'amandes
- 50 g de farine
- 10 g de beurre
- 500 g de cerises
- 10 g de sucre glace
- 20 g d'amandes effilées

> Ustensiles

- 1 saladier
- 1 fouet
- 6 petits moules rectangulaires

1 Préchauffez le four à 170° (th. 5-6). Mélangez les œufs avec le sucre.

2 Ajoutez la crème fraîche, la poudre d'amandes et la farine. Fouettez bien pour éliminer les grumeaux.

3 Beurrez et poudrez de sucre les moules.

4 Disposez harmonieusement les cerises au fond des moules.

5 Versez la préparation sur les fruits. Enfournez pour environ 40 minutes. Démoulez puis saupoudrez de sucre glace et d'amandes effilées.

❭ Les conseils du chef pâtissier

● Vous pouvez utiliser les fruits de votre choix selon la saison : des figues, des prunes, un mélange de fruits rouges...
Préférez des fruits juteux.

● **Variante :** Vous pouvez parsemer les mirlitons d'amandes effilées avant la cuisson.

● **Dégustation :** Servez ces petits gâteaux tièdes et saupoudrés de sucre glace, comme un clafoutis.

Les mirlitons de Rouen

❯ Ingrédients *8 mirlitons*

- 10 g de farine
- 250 g de pâte feuilletée
- 60 g de sucre en poudre
- 1 sachet de sucre vanillé
- 40 g d'amandes en poudre

- 2 œufs
- 25 g de beurre fondu + 15 g pour les moules
- 1 cuil. à café d'eau de fleur d'oranger
- 12 amandes émondées

❯ Ustensiles

- 8 moules à tartelettes
- 1 saladier
- 1 fouet

1 Préchauffez le four à 210° (th. 7). Beurrez et farinez les moules à tartelettes.

2 Découpez 8 cercles de pâte feuilletée. Foncez les moules avec la pâte en la laissant un peu dépasser des bords puis piquez-la avec une fourchette.

3 Dans un saladier, fouettez le sucre en poudre, le sucre vanillé et les amandes en poudre.

4 Incorporez les œufs un par un et fouettez bien. Terminez par le beurre fondu et l'eau de fleur d'oranger.

5 Séparez les amandes émondées en 2. Garnissez les tartelettes de crème aux trois quarts des moules.

6 Déposez 3 demi-amandes sur chaque mirliton et enfournez. Dégustez tiède ou froid.

❯ Les conseils du chef pâtissier

● Attention à bien piquer la pâte si vous ne voulez pas qu'elle lève.

● **Variante 1 :** Vous pouvez déposer quelques dés de fruits poêlés dans le fond des tartelettes.

● **Variante 2 :** Ajoutez 2 cuil. à soupe de crème épaisse dans la garniture pour la rendre encore plus moelleuse.

Les palets *bretons*

> Ingrédients *6 à 8 personnes*

- 170 g de beurre demi-sel mou
  + 20 g pour la plaque
- 100 g de sucre semoule
- 3 jaunes d'œufs
- 280 g de farine tamisée
  + 20 g pour la plaque

> Ustensiles

- 1 saladier
- 1 bol
- 1 pinceau à pâtisserie

1 Découpez le beurre en dés. Mélangez le beurre et le sucre jusqu'à ce qu'ils blanchissent légèrement.

2 Ajoutez 2 jaunes d'œufs dans la pâte.

3 Versez la farine en pluie et mélangez.

4 Formez un long boudin de pâte de 4 à 5 cm de diamètre. Enveloppez de film alimentaire et déposez au réfrigérateur pendant 1 heure.

5 Préchauffez le four à 180° (th. 6). Beurrez et farinez légèrement la plaque du four.

6 Découpez des rondelles de pâte de 1 cm d'épaisseur. Rangez les biscuits sur la plaque en les espaçant. Badigeonnez de jaune d'œuf battu. Mettez au four 10 minutes. Laissez refroidir sur une grille.

❯ Les conseils du chef pâtissier

● Surveillez la cuisson pour que les palets blondissent légèrement mais ne brunissent pas.

● Vous pouvez aussi étaler la pâte et la découper à l'aide d'un emporte-pièces rond.

● **Décoration :** Vous pouvez saupoudrer les palets de grains de sucre.

Les petits-beurre

Ingrédients *6 personnes*

- 180 g de farine de blé
  + 5 g pour le plan de travail
- 1 pincée de levure chimique
- 120 g de beurre demi-sel
  découpé en dés

- 60 g de sucre en poudre
- 1 œuf entier + 1 jaune

> Ustensiles

- 1 saladier
- 1 rouleau à pâtisserie
- 1 emporte-pièces rectangulaire
  cannelés
- 1 bol
- 1 pinceau à pâtisserie

1 Préchauffez le four à 180° (th. 6). Versez la farine dans un saladier et ajoutez la levure.

2 Ajoutez les dés de beurre et le sucre en poudre.

3 Incorporez peu à peu la farine en pluie puis l'œuf entier et mélangez rapidement.

4 Étalez la pâte sur un plan de travail fariné en vous aidant d'un rouleau à pâtisserie.

5 Découpez des biscuits en vous aidant de l'emporte-pièces. Déposez-les sur la plaque pour le four recouverte de papier sulfurisé en prenant soin de bien les espacer. Badigeonnez les biscuits de jaune d'œuf battu en vous aidant d'un pinceau.

6 Mettez à cuire 6 à 8 minutes. Laissez les petits-beurre légèrement dorer, sortez-les du four et laissez-les refroidir sur une grille.

〉 Les conseils du chef pâtissier

● À défaut d'emporte-pièces à bords cannelés, vous pouvez vous amuser à décorer et à strier vous-même les biscuits à l'aide d'un couteau pointu.

● **Variante :** Vous pouvez incorporer dans la pâte 50 g de cacao pour donner une couleur plus foncée à vos petits-beurre.

Les petits gâteaux *de Paimpol*

❯ Ingrédients *6 personnes*

- 4 pommes
- Le jus d'un demi-citron
- 2 cuil. à soupe de cidre
- 180 g de beurre demi-sel mou
  + 10 g pour les moules
- 120 g de sucre glace
  + 1 cuil. à soupe

- 4 œufs entiers + 1 jaune
- 220 g de farine
  + 1 cuil. à soupe pour les moules
- 1 cuil. à café de levure chimique

❯ Ustensiles

- 6 petits moules d'environ 12 cm
  de diamètre en porcelaine
  ou en terre cuite
- 1 saladier
- 1 spatule
- 1 passoire fine

1 Préchauffez le four à 180° (th. 6). Beurrez et farinez les moules. Épluchez les pommes, coupez-les en 4 puis ôtez le cœur et les pépins. Découpez les pommes en dés. Arrosez-les de jus de citron et de cidre.

2 Découpez le beurre en petits dés. Travaillez-le ensuite avec une spatule. Incorporez le sucre glace.

3 Ajoutez les œufs entiers et le jaune puis versez la farine et la levure en pluie tout en continuant de mélanger.

4 Incorporez les dés de pomme dans la pâte.

5 Versez la pâte dans les moules.

6 Mettez les gâteaux à cuire environ 20 minutes. Laissez tiédir dans les moules. Saupoudrez d'un peu de sucre glace au moment de servir.

❯ Les conseils du chef pâtissier

● **Variante :** Si vous souhaitez donner une texture plus granuleuse à votre pâte, remplacez le sucre glace par du sucre cassonade.

● **Dégustation :** Vous pouvez déguster ces gâteaux aussi bien tièdes que froids.

Les sablés bretons *au chocolat*

❯ Ingrédients *20 sablés environ*

- 125 g de beurre mou découpé en dés
- 125 g de sucre
- 1 pincée de fleur de sel
- 3 jaunes d'œufs
- 180 g de farine + 15 g pour le plan de travail
- 8 g de levure
- 20 g de cacao en poudre non sucré

❯ Ustensiles

- 1 saladier
- 1 cuillère en bois
- 1 rouleau à pâtisserie
- Des cercles à pâtisserie

1 Mélangez les dés de beurre avec le sucre et la fleur de sel à l'aide d'une cuillère en bois jusqu'à obtenir un mélange homogène et crémeux.

2 Ajoutez les jaunes d'œufs et mélangez bien.

3 Ajoutez la farine, la levure et le cacao. Mélangez jusqu'à ce que la farine soit bien incorporée (la pâte est encore collante).

4 Rassemblez la pâte en boule et emballez-la dans du film alimentaire. Laissez reposer au réfrigérateur au moins 2 heures.

5 Préchauffez le four à 180° (th. 6). Sortez la pâte bien froide et raffermie. Étalez-la à l'aide du rouleau à pâtisserie sur un plan de travail largement fariné sur une épaisseur d'environ 0,5 cm.

6 Détaillez les sablés à l'aide des cercles à pâtisserie. Déposez-les sur la plaque du four recouverte de papier sulfurisé en laissant les cercles autour des sablés. Enfournez pour environ 10 minutes.

〉 Les conseils du chef pâtissier

● Pour obtenir un mélange bien homogène, tamisez ensemble la farine, la levure et le cacao.
Et ne mélangez pas trop longtemps la pâte.
● **Variante :** Vous pouvez utiliser du beurre salé à la place du beurre doux et de la fleur de sel.

Les tartelettes *à la chicorée*

❯ Ingrédients *6 personnes*

Pour les fonds de tartelettes
- 60 g de beurre
- 150 g de spéculoos

Pour la garniture
- 2 feuilles de gélatine

- 17,5 cl de lait
- 3 jaunes d'œufs
- 50 g de sucre
- 2 cuil. à café de chicorée liquide
- 175 g de crème liquide entière

❯ Ustensiles

- 6 moules à tartelettes
- 2 casseroles
- 3 saladiers
- 1 bol ● 1 fouet
- 1 cuillère en bois
- 1 fouet électrique

1 Découpez 6 disques de papier sulfurisé et placez-les au fond de chaque moule. Faites fondre le beurre.

2 Réduisez les spéculoos en poudre puis versez le beurre dessus. Mélangez bien. Déposez le mélange dans le fond des moules. Tassez bien. Réservez au réfrigérateur.

3 Faites tremper les feuilles de gélatine dans un bol d'eau froide. Portez le lait à ébullition. Pendant ce temps, fouettez les jaunes d'œufs avec le sucre. Versez le lait bouillant sur le mélange œufs-sucre. Mélangez bien et remettez le tout dans la casserole.

4 Faites épaissir à feu doux sans cesser de remuer à l'aide d'une cuillère en bois (comme pour une crème anglaise). Quand la crème est onctueuse, mais avant l'ébullition, retirez du feu. Ajoutez la chicorée et la gélatine bien essorée. Laissez la crème refroidir au réfrigérateur.

5 Fouettez la crème liquide. Quand la crème à la chicorée est froide (mais pas encore prise), ajoutez délicatement la crème fouettée. Versez sur les fonds de tartelettes. Laissez prendre au réfrigérateur 1 nuit.

6 Démoulez les tartelettes en passant la lame d'un couteau sur les bords.

❯ Les conseils du chef pâtissier

● La crème anglaise est cuite quand elle atteint 85°, donc avant l'ébullition. Si la crème bout, des grumeaux se forment. Vous pouvez toutefois la « récupérer » en la fouettant énergiquement ou en utilisant un mixeur plongeant.

● Vous pouvez ajouter la crème fouettée dans la crème chicorée quand cette dernière est au maximum à température ambiante, c'est-à-dire 20° (trempez votre doigt dans la crème pour vérifier).

● **Dégustation :** Vous pouvez remplacer le sucre de la garniture par de la vergeoise brune, qui apporte plus de goût et de coloration.

Les Traou Mad *au beurre salé*

> **Ingrédients** *20 Traou Mad*

- 260 g de farine
- 150 g de sucre
- 1 cuil. à café de levure chimique
- 4 jaunes d'œufs
  + 1 œuf entier pour la dorure
- 150 g de beurre salé mou découpé en dés

> **Ustensiles**

- 1 saladier
- 1 cuillère en bois ● 1 spatule
- 1 rouleau à pâtisserie
- 1 emporte-pièces de 5 cm de diamètre
- 1 bol ● 1 pinceau à pâtisserie

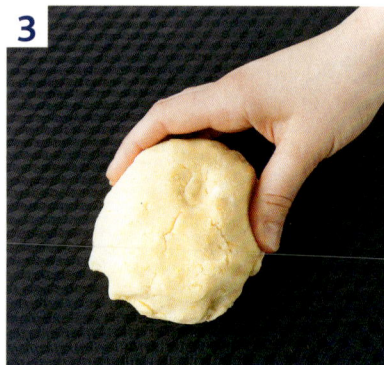

1 Préchauffez le four à 170° (th. 5-6). Mélangez la farine, le sucre et la levure dans un saladier.

2 Ajoutez les jaunes d'œufs. Mélangez avec une cuillère en bois.

3 Ajoutez les dés de beurre. Mélangez d'abord à la spatule. Renversez le mélange sur le plan de travail et continuez à mélanger à la main jusqu'à ce que la pâte soit homogène.

4 Étalez la pâte et découpez les biscuits avec l'emporte-pièces. Aplatissez-les avec une fourchette.

5 Dorez à l'aide du pinceau trempé dans l'œuf battu.

6 Enfournez pour environ 25 minutes. Quand les biscuits sont légèrement refroidis, démoulez-les et laissez-les refroidir sur une grille.

❯ Les conseils du chef pâtissier

● Les Traou Mad sont des sablés traditionnels bretons, ils se conservent quelques jours dans une boîte en fer.

● Si vous utilisez un robot pour préparer la pâte, veillez à ne pas la travailler trop longtemps
(arrêtez dès que la pâte est amalgamée).

● **Variante** : Ajoutez 1 pincée de fleur de sel pour accentuer l'effet salé.

›❙ Gâteaux et douceurs du nord-est

La brioche roulée *aux noix*

> **Ingrédients** *6 personnes*

- 10 g de levure fraîche de boulanger
- 5 cl de lait tiède
- 250 g de farine tamisée + 10 g pour la plaque
- 3 œufs entiers + 1 jaune pour la dorure
- 60 g de sucre semoule
- 2 sachets de sucre vanillé
- 1/2 cuil. à café de sel
- 80 g de beurre mou découpé en dés
- 80 g de noix hachées finement

> **Ustensiles**

- 2 bols
- 3 saladiers
- 1 rouleau à pâtisserie
- 1 pinceau à pâtisserie

1 Émiettez la levure dans un bol puis délayez-la dans le lait tiède. Déposez 50 g de farine dans un saladier. Ajoutez la levure délayée et mélangez. Laissez reposer 30 minutes.

2 Versez le reste de farine dans un autre saladier et creusez un puits. Ajoutez les œufs entiers, le sucre semoule, le sucre vanillé et le sel. Travaillez la pâte 5 minutes. Couvrez d'un linge et laissez reposer 30 minutes.

3 Versez le levain dans la pâte. Ajoutez ensuite les dés de beurre. Formez une boule de pâte, couvrez d'un linge et laissez reposer pendant environ 2 heures dans un saladier placé au chaud et à l'abri des courants d'air.

4 Travaillez rapidement la pâte. Étalez-la en un grand rectangle et saupoudrez de noix hachées. Roulez la pâte sur elle-même puis formez un long boudin.

5 Placez le boudin de pâte sur une plaque de four légèrement saupoudrée de farine. Couvrez d'un linge et laissez lever dans un endroit chaud pendant 45 minutes. Préchauffez le four à 180° (th. 6).

6 Badigeonnez le dessus de la brioche d'un peu de jaune d'œuf battu. Mettez à cuire environ 30 minutes. Laissez ensuite refroidir sur une grille.

〉 Les conseils du chef pâtissier

● Votre pâte doit avoir une belle consistance, souple et élastique. Ajoutez si nécessaire un peu plus de farine.

● **Variante** : Vous pouvez aussi couvrir la brioche d'un peu de lait sucré.

La crêpe *alsacienne*

❭ Ingrédients *4 personnes*

- 2 œufs
- 100 g de farine
- 2 cuil. à soupe d'huile
  + 1 cuil. à soupe pour la poêle
- 10 cl de lait
- 1 pincée de sel

- 2 sachets de sucre vanillé
- 3 cuil. à café de kirsch
- 400 g de cerises au sirop
  (poids égoutté)

❭ Ustensiles

- 3 saladiers
- 1 fouet électrique
- 2 poêles et 1 couvercle
- 1 passoire

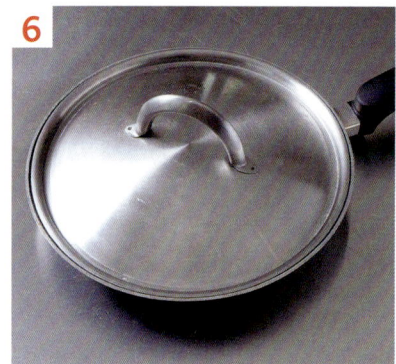

1 Cassez les œufs et séparez les blancs des jaunes. Fouettez les blancs en neige.

2 Versez la farine dans un saladier. Creusez un puits et versez l'huile, les jaunes d'œufs, le lait, le sel, le sucre vanillé, le kirsch et les blancs en neige. Mélangez en une pâte homogène.

3 Faites chauffer une poêle légèrement huilée. Répartissez les cerises égouttées dans la poêle.

4 Versez la pâte sur les cerises. Couvrez la poêle et laissez cuire 8 minutes à feu doux.

5 Retournez la poêle dans l'autre poêle chauffée.

6 Couvrez la poêle et laissez cuire à feu doux encore 8 minutes.

❯ Les conseils du chef pâtissier

● Faites bien chauffer la première poêle avant de verser la pâte.

● **Variante 1 :** Vous pouvez ajouter 1/2 cuil. à café de levure chimique dans votre pâte. Vous obtiendrez alors une crêpe gonflée.

● **Variante 2 :** Les cerises au sirop peuvent être remplacées par des cerises à l'eau-de-vie.

La tarte *au sucre*

> **Ingrédients** *6 personnes*

- 20 g de levure fraîche de boulanger
- 10 cl de lait tiède
- 400 g de farine tamisée
  + 10 g pour le moule
- 3 œufs
- 120 g de sucre en poudre
- 140 g de beurre mou
  + 10 g pour le moule
- 2 pincées de sel
- 2 cuil. à soupe de sucre glace

> **Ustensiles**

- 2 saladiers
- 1 fouet
- 1 moule rond à bords hauts
  d'environ 26 cm de diamètre
- 1 passoire fine

1 Mélangez la levure émiettée et le lait tiède dans un saladier. Ajoutez 120 g de farine et mélangez. Couvrez d'un linge et laissez gonfler dans un endroit tiède pendant 1 heure.

2 Fouettez les œufs et ajoutez-les à la pâte. Puis versez le reste de farine en pluie, 70 g de sucre en poudre, 80 g de beurre découpé en dés et le sel. Mélangez, travaillez la pâte 5 minutes, couvrez d'un linge puis laissez gonfler dans un endroit chaud pendant 2 heures.

3 Préchauffez le four à 210° (th. 7). Beurrez et farinez le moule. Versez la pâte dans le moule.

4 Couvrez le dessus de la tarte du reste de sucre en poudre et de dés de beurre.

5 Mettez la tarte à cuire environ 25 minutes. À la sortie du four, démoulez-la sur une grille et laissez tiédir.

6 Saupoudrez la tarte de sucre glace. Servez tiède.

❯ Les conseils du chef pâtissier

● **Variante 1 :** Vous pouvez garnir la tarte de 200 g de crème fraîche épaisse légèrement sucrée et parfumée avec de la cannelle.

● **Variante 2 :** Vous pouvez aussi ajouter 40 g de raisins secs ou de pruneaux découpés en dés.

● **Dégustation :** Cette tarte se déguste de préférence tiède, à la sortie du four.

Le baba *lorrain*

❯ Ingrédients *6 personnes*

- 250 g de farine
- 50 g de sucre
- 1 pincée de sel
- 4 œufs
- 30 g de levure chimique
- 2 cuil. à soupe de crème fraîche épaisse
- 80 g de beurre mou + 10 g pour le moule

Pour la sauce

- 40 cl de vin blanc ● 150 g de sucre
- 5 g de fécule ● 10 cl de rhum
- 1 jaune d'œuf

❯ Ustensiles

- 1 saladier
- 1 cuillère en bois
- 1 moule à savarin ● 1 casserole
- 1 bol ● 1 fouet
- 1 plat creux

1 Préchauffez le four à 180° (th. 6). Dans un saladier, mélangez la farine, le sucre, le sel et la levure. Ajoutez les œufs un par un et mélangez bien. Travaillez la pâte 5 minutes à l'aide d'une cuillère en bois.

2 Ajoutez la crème fraîche et le beurre mou au mélange précédent. Beurrez généreusement le moule et versez la pâte. Laissez reposer 15 minutes puis faites cuire 30 minutes.

3 Versez le vin et le sucre dans une casserole et faites chauffer à feu doux jusqu'à ce que le sucre soit dissous. Délayez la fécule dans le rhum puis incorporez au vin chaud. Laissez chauffer quelques minutes.

4 Ôtez du feu. Laissez reposer quelques minutes puis incorporez le jaune d'œuf très rapidement en fouettant.

5 Démoulez le baba sur une grille posée sur un plat creux. Arrosez généreusement le baba avec la sauce jusqu'à ce qu'il ait tout absorbé.

6 Récupérez la sauce qui a coulé dans le plat et renouvelez l'opération. Servez froid.

❯ Les conseils du chef pâtissier

● Certains préfèrent imbiber le baba directement dans le moule, mais attention au démoulage...

● Servez le baba avec le centre garni de chantilly.

● **Variante :** Vous pouvez utiliser un autre alcool que le rhum pour accompagner le vin blanc.

Le cœur *de sainte Catherine*

> **Ingrédients** *6 personnes*

- 160 g de beurre mou
  + 15 g pour le moule
- 120 g de sucre
- 3 œufs
- 250 g de farine
- 10 g de levure chimique

- 1 pincée de sel
- 35 g de fruits confits
- 1/2 cuil. à café de cannelle
- 1/2 cuil. à café d'eau de fleur d'oranger

> **Ustensiles**

- 2 saladiers
- 1 spatule
- 1 moule en forme de cœur

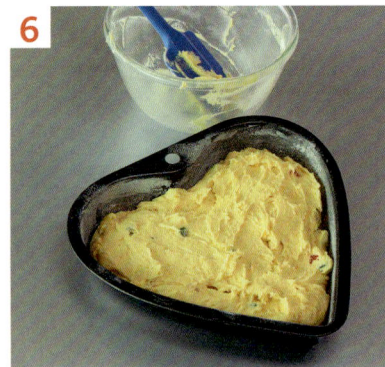

1 Préchauffez le four à 180° (th. 6). Travaillez dans un saladier le beurre mou et le sucre à l'aide d'une spatule jusqu'à la formation d'un mélange crémeux.

2 Incorporez les œufs un par un en mélangeant bien à chaque fois.

3 Dans un autre saladier, mélangez la farine, la levure et le sel.

4 Versez le mélange farine-levure dans le premier saladier en une seule fois et mélangez.

5 Une fois le mélange homogène, ajoutez les fruits confits, la cannelle et l'eau de fleur d'oranger.

6 Versez le tout dans le moule préalablement beurré. Faites cuire 15 minutes, augmentez la température à 210° (th. 7) puis faites cuire 10 minutes supplémentaires.

❯ Les conseils du chef pâtissier

● **Variante 1** : Vous pouvez choisir de n'utiliser que de l'orange confite.

● **Variante 2** : Vous pouvez mettre moins de farine et incorporer un peu de poudre d'amandes.

Le kouglof

> Ingrédients *8 personnes*

Pour le gâteau

- 100 g de raisins secs ● 15 cl d'eau
- 15 cl de kirsch
- 430 g de farine tamisée
- 25 g de levure fraîche de boulanger
- 20 cl de lait ● 10 g de sel

- 80 g de sucre semoule ● 1 œuf
- 180 g de beurre mou découpé en dés + 30 g pour le moule
- 50 g d'amandes entières

Pour la décoration

- 15 g de sucre glace

> Ustensiles

- 2 bols
- 2 saladiers
- 1 moule à kouglof de 1 kg
- 1 passoire fine

1 Déposez les raisins dans un bol puis couvrez d'eau et de kirsch.

2 Mélangez dans un bol 100 g de farine tamisée avec la levure émiettée et le lait. Couvrez d'un film alimentaire et laissez gonfler 30 minutes dans un endroit chaud et à l'abri des courants d'air.

3 Mélangez dans un saladier le reste de farine avec le sel et le sucre. Puis incorporez le levain et l'œuf. Pétrissez la pâte 8 à 10 minutes. Ajoutez les dés de beurre. Puis incorporez les raisins macérés. Travaillez la pâte encore 8 à 10 minutes. Déposez la boule de pâte dans un autre saladier, couvrez d'un linge et laissez gonfler 1 heure.

4 Travaillez rapidement la pâte. Couvrez et laissez reposer 20 minutes. Beurrez le moule. Posez 1 ou 2 amandes dans chaque rainure du moule. Garnissez de pâte. Couvrez d'un linge et laissez gonfler 1 h 45.

5 Préchauffez le four à 200° (th. 7). Mettez au four et baissez aussitôt la température à 180° (th. 6). Laissez cuire 1 heure. Si le dessus du kouglof prend une teinte trop sombre, couvrez-le d'un papier d'aluminium. Démoulez le kouglof à la sortie du four et laissez refroidir sur une grille. Saupoudrez de sucre glace.

❯ Les conseils du chef pâtissier

● Vous pouvez confectionner la pâte la veille et la conserver au réfrigérateur jusqu'au lendemain.
Il vous suffira de la sortir 20 minutes avant de la mettre au four.

● Pour garnir facilement votre moule, formez une boule de pâte et creusez un trou au centre.

● S'il vous reste du kouglof, vous pouvez préparer un délicieux pain perdu et le servir avec une compote de fruits frais.

● **Variante 1 :** Vous pouvez parfumer les raisins avec du rhum.

● **Variante 2 :** Si vous avez un reste de kouglof, vous pouvez préparer un délicieux pain perdu et le servir avec un coulis de fruits rouges.

Le strudel à la ricotta *et aux cerises*

❯ Ingrédients *6 personnes*

- 500 g de ricotta ● 60 g de sucre
- 2 cuil. à café de zeste de citron
- 40 g de mie de pain émiettée
- 2 cuil. à soupe d'amandes en poudre
- 425 g de cerises dénoyautées en bocal

- 2 cuil. à café de maïzena
- 2 œufs
- 8 feuilles de pâte filo
- 60 g de beurre fondu
- 2 cuil. à soupe de chapelure
- 1 cuil. à soupe de sucre glace

❯ Ustensiles

- 1 saladier ● 1 spatule
- 1 passoire
- 1 casserole
- 1 fouet
- 1 pinceau à pâtisserie

1 Préchauffez le four à 180° (th. 6). Dans un saladier, versez la ricotta, le zeste de citron, le sucre, la mie de pain et les amandes en poudre.

2 Ajoutez les œufs et mélangez bien. Égouttez les cerises et conservez la moitié du jus.

3 Dans une casserole, versez le jus des cerises, ajoutez la maïzena puis faites bouillir jusqu'à ce que le mélange épaississe. Ôtez du feu. Déposez une feuille de pâte filo sur la plaque du four recouverte de papier sulfurisé.

4 Badigeonnez de beurre fondu et saupoudrez un peu de chapelure. Disposez une deuxième feuille en chevauchant la première : le but est de couvrir une plus grande surface en longueur.

5 Renouvelez l'opération avec les autres feuilles en badigeonnant de beurre et en saupoudrant de chapelure chaque feuille. Répartissez la pâte puis les cerises sur un bord du strudel et versez le sirop par-dessus.

6 Roulez la pâte en enfermant la garniture. Repliez les bords extérieurs sous le strudel. Faites cuire 35 à 40 minutes (la pâte doit être dorée). Saupoudrez de sucre glace et dégustez.

❯ Les conseils du chef pâtissier

● Il faut être très rapide une fois la pâte filo étalée. Elle sèche et craque très vite.

● **Variante 1 :** Vous pouvez remplacer la pâte filo par de la vraie pâte à strudel.

● **Variante 2 :** Vous pouvez remplacer les cerises par un autre fruit.

● **Dégustation :** Ce gâteau se sert coupé en tranches.

Le strudel *aux pommes*

❯ Ingrédients *6 personnes*

- 300 de farine tamisée
  + 10 g pour la plaque
- 1 jaune d'œuf • 4 cl d'huile
- 10 cl d'eau • 5 g de sucre semoule
- 1 pincée de sel

Pour la garniture

- 1 kg de pommes

- 30 g de sucre semoule
- 2 sachets de sucre vanillé
- 2 cuil. à café de cannelle en
  poudre
- 100 g de raisins secs
- 50 g de beurre + 10 g pour
  la plaque
- 2 cuil. à soupe de sucre glace

❯ Ustensiles

- 2 saladiers
- 1 casserole
- 1 pinceau à pâtisserie
- 1 petite passoire fine

1 Préchauffez le four à 210° (th. 7). Mélangez dans un saladier la farine avec le jaune d'œuf, l'huile, l'eau, le sucre et le sel.

2 Formez une boule de pâte. Enveloppez-la de film alimentaire. Mettez au frais au moins 2 heures.

3 Épluchez les pommes, coupez-les en 4, ôtez le cœur et les pépins puis découpez-les en tranches fines. Mélangez dans un saladier les pommes, le sucre semoule, le sucre vanillé et la cannelle. Ajoutez ensuite les raisins secs.

4 Faites fondre le beurre dans une casserole et réservez. Étalez la pâte en forme de rectangle sur un grand torchon. Déposez la garniture à la pomme et aux raisins au milieu de la pâte en laissant un bord de 3 cm.

5 Roulez le strudel sur lui-même en forme de boudin en soulevant le torchon. Placez-le sur une plaque de four beurrée et farinée. Ôtez le torchon.

6 Rabattez les côtés sous la pâte. Badigeonnez de beurre fondu. Piquez le dessus avec une fourchette. Mettez au four 40 minutes. Attendez une dizaine de minutes, saupoudrez de sucre glace puis servez.

❯ Les conseils du chef pâtissier

● Choisissez des pommes acides pour votre gâteau.

● Surveillez la cuisson du strudel et baissez éventuellement la chaleur du four si le dessus a tendance à noircir.

● **Dégustation :** Ce strudel aux pommes est excellent accompagné de crème fraîche fouettée
et servi avec un café autrichien ou un bon cappuccino.

Les bretzels *du nouvel an*

❯ Ingrédients *6 personnes*

Pour le levain

- 8 g de levure fraîche de boulanger
- 100 g de farine de blé ordinaire tamisée
- 4 cl d'eau tiède ● 4 cl de lait tiède

Pour la pâte

- 1 pincée de muscade râpée
- 300 g de farine de blé ordinaire tamisée ● 1 pincée de sel
- 5 g de levure fraîche de boulanger
- 40 g de sucre en poudre
- 1 cuil. à soupe de crème fraîche
- 7 cl d'eau tiède ● 5 cl de lait tiède
- Le zeste d'1 citron râpé ● 1 œuf

❯ Ustensiles

- 2 bols
- 1 saladier
- 1 pinceau à pâtisserie

1 Émiettez la levure dans un bol puis versez la farine, l'eau et le lait. Laissez reposer dans un endroit chaud et à l'abri des courants d'air pendant environ 45 minutes.

2 Versez la farine et la muscade dans un saladier. Ajoutez la levure émiettée, le sucre en poudre, le sel, la crème fraîche, l'eau et le lait. Mélangez. Ajoutez si nécessaire un peu d'eau ou de farine.

3 Incorporez le levain dans la pâte et pétrissez. Ajoutez le zeste de citron râpé. Couvrez la pâte d'un linge et laissez au chaud pendant 15 minutes.

4 Formez 6 longs boudins de pâte, croisez les extrémités de chaque boudin puis ramenez-les vers l'intérieur pour former les bretzels.

5 Déposez les bretzels sur la plaque pour le four recouverte de papier sulfurisé. Couvrez d'un linge et laissez au chaud environ 1 heure 30.

6 Préchauffez le four à 210° (th. 7). Déposez un bol d'eau dans le bas du four. Badigeonnez les bretzels d'œuf battu en vous aidant d'un pinceau. Mettez à cuire environ 35 minutes. Laissez refroidir sur une grille avant de déguster.

❯ Les conseils du chef pâtissier

● Respectez bien les temps de repos, sinon vos bretzels risquent de ne pas monter.

● **Variante 1 :** Vous pouvez enrichir la pâte de minuscules dés de fruits confits.

● **Variante 2 :** Vous pouvez saupoudrer le dessus de vos bretzels de pistaches hachées.

Les bretzels *sucrés*

> Ingrédients *6 personnes*

- 1 citron non traité
- 200 g de farine tamisée
- 100 g de beurre mou
- 80 g de sucre semoule
- 1 pincée de sel

- 1 œuf
- 1 cuil. à café d'anis vert
- 1 jaune d'œuf
- 10 g de sucre cristallisé

> Ustensiles

- 1 râpe fine
- 1 saladier
- 1 pinceau à pâtisserie

1 Râpez finement le zeste du citron. Mélangez dans un saladier la farine avec le beurre, le sucre semoule et le sel.

2 Ajoutez l'œuf, le zeste de citron râpé et l'anis vert.

3 Formez une boule de pâte. Laissez reposer 1 heure au frais.

4 Partagez la pâte en 6 morceaux.

5 Façonnez chaque morceau de pâte en un boudin d'environ 30 cm de long. Badigeonnez le milieu de chaque boudin d'un peu d'eau. Rabattez les extrémités en les croisant et en les soudant avec les doigts.

6 Retournez les bretzels sur une plaque de four recouverte de papier sulfurisé. Badigeonnez de jaune d'œuf et saupoudrez de sucre cristallisé. Mettez à cuire environ 10 minutes. Laissez refroidir sur une grille.

72

NORD-EST

❭ Les conseils du chef pâtissier

● Façonnez des boudins de pâte un peu plus fins aux extrémités pour leur donner la forme qu'ils ont traditionnellement.

● Vous pouvez donner à vos bretzels la taille que vous souhaitez : n'oubliez pas de réduire ou d'augmenter le temps de cuisson.

● **Variante** : Vous pouvez parfumer la pâte avec une pointe de cannelle en poudre.

Les crumbles *mirabelle-noisette*

❯ Ingrédients *6 personnes*

- 800 g de mirabelles ● 1 citron
- 3 cuil. à soupe de miel
- 4 pincées de cannelle en poudre
- 4 pincées de gingembre en poudre
- 1 orange non traitée
- 60 g de noisettes décortiquées

- 120 g de beurre
  + 10 g pour les moules
- 100 g de farine
  + 10 g pour les moules
- 60 g d'amandes en poudre
- 120 g de cassonade
- 1 pincée de piment de Jamaïque

❯ Ustensiles

- 6 petits moules en porcelaine à bords hauts
- 1 passoire
- 1 plat creux

1 Préchauffez le four à 180° (th. 6). Beurrez et farinez les moules. Rincez les mirabelles et égouttez-les. Fendez-les en 2 et dénoyautez-les.

2 Déposez les mirabelles dans un plat creux. Pressez le citron. Ajoutez le jus de citron, le miel, la cannelle et le gingembre sur les mirabelles. Laissez reposer 30 minutes.

3 Répartissez les mirabelles dans les moules.

4 Rincez l'orange et râpez le zeste. Hachez les noisettes. Découpez le beurre en petits dés.

5 Mélangez dans un saladier la farine, les amandes en poudre, les noisettes, la cassonade, le zeste d'orange et les dés de beurre. Ajoutez le piment de Jamaïque.

6 Déposez un peu de crumble sur les mirabelles. Mettez au four environ 20 minutes. Servez tiède ou laissez refroidir.

❯ Les conseils du chef pâtissier

● Vous pouvez préparer les crumbles la veille et les réserver au frais jusqu'au lendemain.

● Cette recette peut très bien se confectionner tout au long de l'année avec des mirabelles surgelées.

Les feuilletés *à la prune*

❯ Ingrédients *6 personnes*

- 12 prunes rouges
- 75 g de beurre mou
- 60 g de sucre glace
- 1 œuf entier + 1 jaune
- 2 cuil. à soupe de dés de citron confit
- 75 g de pralin
- 500 g de pâte feuilletée
- 6 pincées de cannelle en poudre

❯ Ustensiles

- 1 saladier
- 1 fouet
- 1 rouleau à pâtisserie
- 1 bol
- 1 pinceau à pâtisserie

1 Préchauffez le four à 180° (th. 6). Rincez les prunes et égouttez-les. Fendez-les en 2 puis ôtez les noyaux.

2 Mélangez dans un saladier le beurre et le sucre glace. Ajoutez l'œuf entier, le citron confit, la cannelle et le pralin puis mélangez.

3 Étalez la pâte et découpez 6 carrés d'environ 12 cm de côté.

4 Déposez un peu de garniture au milieu de chaque carré de pâte.

5 Répartissez les prunes. Rabattez ensuite les 4 pointes de pâte vers le milieu. Rangez les feuilletés sur la plaque pour le four recouverte de papier sulfurisé.

6 Badigeonnez le dessus des feuilletés de jaune d'œuf battu. Mettez à cuire environ 20 minutes. Laissez refroidir sur une grille avant de déguster.

❯ Les conseils du chef pâtissier

● **Variante 1 :** Vous pouvez réaliser cette recette avec des abricots, des pommes ou les fruits de saison de votre choix.

● **Variante 2 :** Pour parfumer agréablement le mélange à base de pralin, ajoutez 1 cuil. à soupe de cognac.

Les soufflés *au kirsch*

> **Ingrédients** *6 personnes*

- 25 cl de lait
- 4 jaunes d'œufs
- 75 g de sucre
  + 10 g pour les moules
- 40 g de farine

- 40 g de beurre
  + 10 g pour les moules
- 2 cuil. à soupe de kirsch
- 5 blancs d'œufs

> **Ustensiles**

- 1 casserole
- 2 saladiers
- 1 fouet
- 1 fouet électrique
- 1 maryse
- 6 ramequins

1 Préchauffez le four à 180° (th. 6). Faites chauffer le lait. Fouettez les jaunes d'œufs et 50 g de sucre dans un saladier, ajoutez la farine et fouettez encore.

2 Versez petit à petit le lait bouillant sur le mélange, fouettez et remettez sur le feu. Faites épaissir à feu doux jusqu'à la reprise de l'ébullition.

3 Hors du feu, ajoutez le beurre et le kirsch. Mélangez bien et laissez refroidir la crème au réfrigérateur.

4 Battez les blancs en neige très ferme avec le reste de sucre. Incorporez les blancs délicatement dans la crème refroidie avec une maryse.

5 Beurrez et poudrez les ramequins de sucre.

6 Versez la préparation dans les ramequins (elle ne doit pas dépasser les trois quarts de la hauteur) et enfournez immédiatement pour environ 18 minutes. Servez aussitôt.

❯ Les conseils du chef pâtissier

● Servez les soufflés saupoudrés de sucre glace.

● Vous pouvez préparer un soufflé familial en utilisant un moule à charlotte beurré et poudré de sucre. Remplissez-le à moitié puis surveillez la cuisson, qui sera plus longue. Comptez environ 30 minutes.

● **Variante** : Vous pouvez aromatiser vos soufflés avec un autre alcool ou une liqueur (rhum, triple sec...).

Gâteaux et douceurs du sud-est

L'amandine *aux figues*

> ### Ingrédients *4 personnes*

- 250 g de pâte brisée
- 60 g de beurre
- 60 g de sucre
- 50 g de poudre d'amandes
- 1 œuf
- 50 g de poudre à flan
- 9 cl de crème liquide
- 350 g de figues fraîches
- 50 g d'amandes hachées
- 50 g de sucre glace

> ### Ustensiles

- 1 rouleau à pâtisserie
- 1 moule à tarte de 24 cm de diamètre
- Des haricots secs
- 1 saladier ● 1 fouet
- 1 cuillère en bois

1 Préchauffez le four à 180° (th. 6). Foncez le moule à tarte avec la pâte.

2 Répartissez des haricots secs sur la pâte pour qu'elle ne gonfle pas puis faites-la cuire à blanc 10 à 15 minutes.

3 Enlevez les haricots secs puis laissez refroidir la pâte. Dans un saladier, mélangez le beurre avec le sucre et la poudre d'amandes.

4 Ajoutez ensuite l'œuf et la poudre à flan.

5 Terminez par la crème liquide. Mélangez rapidement. Versez la préparation sur le fond de pâte.

6 Répartissez sur le dessus les figues coupées en 4. Saupoudrez d'amandes hachées et de sucre glace. Faites cuire 35 minutes jusqu'à ce que la crème soit prise. Laissez refroidir et dégustez.

❭ Les conseils du chef pâtissier

● Si la pâte a déjà une belle couleur après la cuisson à blanc, n'hésitez pas
à la recouvrir d'aluminium pour éviter qu'elle soit trop colorée.

● **Variante 1 :** Utilisez de la poudre de noisettes à la place de la poudre d'amandes.

● **Variante 2 :** Vous pouvez parfumer la garniture de votre tarte avec des épices ou de l'alcool.

La flône

› Ingrédients *6 personnes*

- 600 g de recuite (ou de brousse)
- 400 g de pâte brisée pur beurre
- 5 œufs
- 200 g de sucre
- 150 g de crème fraîche
- 5 cl de fleur d'oranger

› Ustensiles

- 1 passoire ● 1 saladier
- 1 rouleau à pâtisserie ● 1 spatule
- 1 moule à tarte de 24 cm de diamètre
- Des haricots secs
- 1 fouet ● 1 fouet électrique

1 Préchauffez le four à 180° (th. 6). Égouttez la recuite dans une passoire.

2 Étalez la pâte et disposez-la dans le moule. Piquez-la légèrement avec une fourchette puis couvrez-la de haricots secs (ou d'un autre moule à tarte) et enfournez 10 minutes. Réservez après cuisson.

3 Dans un saladier, mélangez les œufs et le sucre. Fouettez bien, ajoutez la crème fraîche puis mélangez de nouveau.

4 Ajoutez ensuite la recuite égouttée et fouettez de nouveau. Si vous avez trop de grumeaux, vous pouvez donner rapidement quelques tours de fouet électrique pour les éliminer.

5 Ajoutez la fleur d'oranger, mélangez et répartissez la crème sur le fond de tarte précuit. Enfournez environ 30 minutes.

6 La flône est cuite lorsqu'elle est bien dorée. Sortez-la du four et laissez-la refroidir sur une grille.

❯ Les conseils du chef pâtissier

● La recuite est un dérivé du roquefort à base de lait de brebis. On ne la trouve que sur les marchés du sud de l'Aveyron.
Vous pouvez la remplacer par de la brousse (fromage frais de brebis) que l'on trouve plus facilement dans le commerce.

● Attention à bien égoutter la recuite, sinon son eau va détremper la pâte.

● **Variante :** Vous pouvez ajouter des zestes d'orange dans la pâte.

La fouace *aux pommes*

> ## Ingrédients *6 personnes*

- 12 g de levure fraîche de boulanger
- 20 cl d'eau tiède
- 400 g de farine
  + 10 g pour la plaque
- 2 cuil. à soupe d'huile
  + 1 cuil. à soupe pour la plaque
- 1 cuil. à soupe de sucre semoule
- 1,5 cuil. à café de sel
- 1 pomme
- 80 g de raisins secs

> ## Ustensiles

- 1 bol
- 1 saladier
- 1 rouleau à pâtisserie
- 1 cuillère en bois

1 Émiettez la levure. Déposez-la dans un bol et couvrez-la avec l'eau tiède. Délayez. Mélangez ensuite la farine et la levure délayée.

2 Ajoutez l'huile, le sucre semoule et le sel. Pétrissez la pâte 10 minutes.

3 Formez une boule de pâte. Placez la pâte dans un plat creux, couvrez d'un linge et laissez gonfler 1 heure dans un endroit chaud.

4 Épluchez la pomme, coupez-la en 4, ôtez le cœur et les pépins puis découpez-la en lamelles. Préchauffez le four à 200° (th 6-7).

5 Étalez la pâte en un grand rectangle sur une épaisseur de 1 cm sur la plaque du four huilée et farinée. Parsemez de raisins secs et de lamelles de pomme. Rabattez la pâte en un grand carré.

6 Enfoncez légèrement la pâte du bout des doigts. Badigeonnez d'eau. Mettez à cuire environ 35 minutes en baissant la température à 180° (th. 6) les 15 dernières minutes. Laissez refroidir sur une grille.

❭ Les conseils du chef pâtissier

● Vous pouvez utiliser une farine semi-complète pour cette recette.

● Vous pouvez augmenter la quantité de sucre si vous souhaitez une saveur un peu plus forte.

● **Dégustation :** Consommez la fouace encore tiède ou froide, de préférence le jour même.

La pâte *de coings*

> **Ingrédients** *6 personnes*

- 500 g de pulpe de coings (soit environ 900 g de coings)
- 5 cl d'eau
- 500 g de sucre cristallisé
- 4 cuil. à soupe de sucre semoule

> **Ustensiles**

- 1 bassine à confiture
- 1 écumoire
- 1 mixeur
- 1 saladier
- 1 balance
- 1 spatule

1 Rincez et essuyez les coings. Coupez-les en 4 et déposez les morceaux de coing dans la bassine à confiture. Ajoutez l'eau et faites cuire à petits bouillons pendant environ 15 minutes.

2 Ôtez les coings de la bassine à confiture. Pelez-les puis ôtez le cœur et les pépins. Mixez les morceaux de coing.

3 Pesez un poids identique de pulpe de coings et de sucre cristallisé. Déposez la pulpe de coings et le sucre cristallisé dans la bassine à confiture. Portez à l'ébullition et laissez cuire à petits bouillons pendant environ 20 minutes tout en mélangeant.

4 Étalez la pulpe de coings obtenue sur une plaque de four recouverte de papier sulfurisé sur une épaisseur d'environ 2 cm.

5 Lissez avec une spatule puis laissez reposer la pâte de coings pendant 3 jours en la plaçant dans un endroit sec et frais.

6 Découpez des carrés de pâte. Recouvrez-les de sucre semoule et rangez-les dans une boîte métallique.

〉 Les conseils du chef pâtissier

● Pour éviter que les coings noircissent, faites-les cuire rapidement après les avoir coupés ou bien citronnez-les légèrement.

● **Variante :** Vous pouvez parfumer la pâte avec 1 cuil. à soupe de cognac ou de rhum.

● **Conservation :** Vous pouvez conserver votre pâte de coings plusieurs semaines en la plaçant dans un endroit frais. Tapissez le fond de la boîte d'une feuille de papier sulfurisé pour éviter aux carrés de coller.

La pâte *de figues*

> Ingrédients *6 personnes*

- 1 kg de figues
- 15 cl d'eau
- 1 kg de sucre
- Le jus de 1 citron
- 1 cuil. à café d'huile
- 3 cuil. à soupe de sucre cristal

> Ustensiles

- 1 faitout
- 1 mixeur
- 1 balance
- 1 spatule en bois
- 1 plat avec des bords de 1 cm de haut

1 Épluchez les figues. Deposez-les dans le faitout avec l'eau puis faites-les cuire à feu doux. Lorsqu'elles ont la consistance d'une compote, mixez-les.

2 Pesez la purée ainsi obtenue, ajoutez le même poids de sucre et le jus de citron puis reversez-la dans le faitout.

3 Faites cuire à feu doux en remuant très régulièrement. Lorsque vous pouvez voir un sillon dans le fond de la casserole quand vous tournez, retirez du feu.

4 Déposez une feuille de papier sulfurisé dans le plat puis huilez-la légèrement. Versez la pâte dans le plat et laissez refroidir pendant une nuit au réfrigérateur.

5 Découpez des losanges de pâte et roulez-les dans le sucre cristal.

6 Déposez les losanges sur une grille et laissez-les sécher à l'air libre pendant quelques heures. Rangez-les dans une boîte hermétique au frais.

❯ Les conseils du chef pâtissier

● Attention, il faut remuer sans cesse la pâte en fin de cuisson.

● **Variante** : Vous pouvez réaliser cette recette avec tous les fruits (excepté les coings et les pommes) en adaptant le temps de cuisson au type de fruit (des fruits gorgés d'eau seront plus longs à cuire).

● **Conservation** : Vous pouvez conserver vos pâtes de fruits au moins 1 mois au frais.

La pompe *à l'huile d'olive*

❯ Ingrédients *6 à 8 personnes*

- 25 g de levure fraîche
- 10 cl d'eau tiède
- 500 g de farine + 10 g
- 1 œuf
- 75 g de sucre
- 10 g de sel
- 100 g d'huile d'olive
- Le zeste d'une orange
- 2 cuil. à soupe d'eau de fleur d'oranger + 2

❯ Ustensiles

- 2 saladiers
- 1 rouleau à pâtisserie
- 1 moule d'environ 30 cm de diamètre
- 1 pinceau à pâtisserie

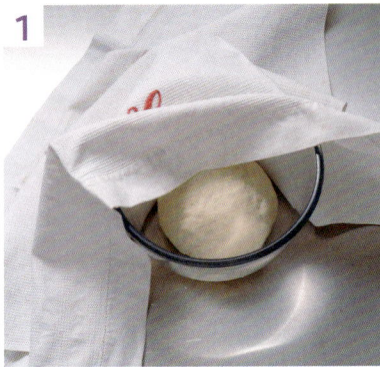

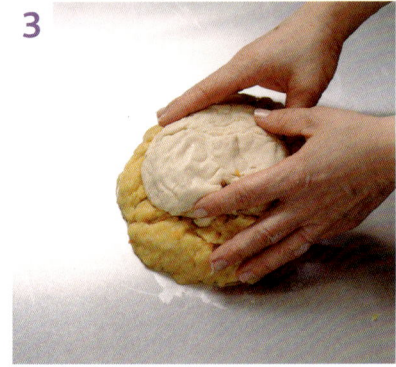

1 Émiettez la levure, délayez-la avec l'eau tiède, ajoutez 200 g de farine et pétrissez bien. Couvrez d'un torchon et laissez lever à une température d'environ 25° jusqu'à ce que la pâte double de volume (environ 1 heure).

2 Faites une fontaine avec le reste de farine. Au milieu, mettez l'œuf, le sucre, le sel, l'huile d'olive, le zeste de l'orange et l'eau de fleur d'oranger. Pétrissez pour amalgamer grossièrement les ingrédients.

3 Ajoutez le levain et pétrissez encore pour obtenir une pâte homogène et souple (à ce stade, vous pouvez rajouter un peu d'eau si la pâte est trop sèche ou un peu de farine si la pâte est trop collante). Couvrez la pâte et laissez lever à nouveau environ 2 heures.

4 Quand la pâte est levée, farinez-la, étalez-la en un cercle d'environ 30 cm de diamètre puis déposez-la dans le moule.

5 Avec un couteau, faites plusieurs incisions en biais dans la pâte comme pour une fougasse. Laissez lever à nouveau environ 1 heure.

6 Enfournez la pompe à 200° (th. 6-7) pendant environ 20 minutes. À la sortie du four, badigeonnez-la avec un pinceau trempé dans l'eau de fleur d'oranger.

〉 Les conseils du chef pâtissier

● En Provence, la pompe à l'huile d'olive fait partie des treize desserts servis
traditionnellement lors du repas précédant la messe de minuit.

● **Variante :** La pompe à l'huile peut être aromatisée avec 2 cuil. à soupe de graines d'anis vert
(dans ce cas, n'utilisez pas d'eau de fleur d'oranger dans la recette).

● **Conservation :** Ce gâteau se conserve plusieurs jours dans un sachet hermétique.
Il se consomme alors trempé dans une boisson, pour le petit déjeuner par exemple.

La torche *aux marrons*

> ## Ingrédients *8 personnes*

- 8 blancs d'œufs
- 650 g de sucre
- 600 g de marrons surgelés
- 75 cl de lait

- 50 cl de crème fleurette froide
- Quelques marrons glacés pour la décoration

> ## Ustensiles

- 2 saladiers ● 1 fouet électrique
- 1 poche à douille ● 1 douille unie
- 1 douille cannelée ● 1 casserole
- 1 passoire ● 1 mixeur
- 1 plat de service rond
- 1 spatule plate
- 1 moulinette (ou 1 hachoir)

1 La veille : Préchauffez le four à 120° (th. 4). Dans un saladier, montez les blancs en neige aux trois quarts puis ajoutez à la fin 250 g de sucre en pluie.

2 Garnissez la poche à douille (douille unie) et formez sur la plaque du four recouverte de papier sulfurisé 2 disques de 27 cm et 21 cm de diamètre (en colimaçon). Enfournez 20 minutes. Le dessus doit croûter.

3 Faites cuire doucement les marrons avec le lait 15 à 20 minutes. Égouttez-les et laissez refroidir.

4 Ajoutez 300 g de sucre et passez le mélange au mixeur. Laissez reposer au frais toute la nuit.

5 Le jour même : Dans un saladier, montez la crème fleurette en chantilly et, aux trois quarts, ajoutez 50 g de sucre en pluie. Posez le plus grand disque de meringue sur le plat de service, recouvrez-le de chantilly, posez le deuxième disque de meringue puis recouvrez-le également de chantilly.

6 Mettez les marrons dans une moulinette et formez un dôme de vermicelles au centre du dessert. Mettez le reste de chantilly dans la poche à douille (douille cannelée) et décorez le reste du gâteau. Saupoudrez de brisures de marron glacé et servez.

❭ Les conseils du chef pâtissier

● Si vous utilisez des marrons frais, retirez l'écorce, plongez-les dans de l'eau bouillante pendant environ 5 minutes et épluchez-les. Utilisez-les de la même façon que les marrons surgelés par la suite.

● **Variante 1 :** Vous pouvez parfumer vos marrons avec du kirsch ou du rhum.

● **Variante 2 :** Vous pouvez saupoudrer ce dessert de cacao avant de le servir.

Le cake aux pommes *et aux châtaignes*

> **Ingrédients** *4 personnes*

- 3 pommes
- 10 cl d'huile + 1 cuil. à soupe pour la poêle + 1 cuil. à soupe pour le moule
- 80 g de sucre
- 3 œufs

- 80 g de farine
- 40 g de farine de châtaignes
- 1 sachet de levure chimique
- 1 pincée de sel

> **Ustensiles**

- 1 poêle
- 1 cuillère en bois
- 2 saladiers
- 1 fouet
- 1 moule à cake de 24 cm

1 Préchauffez le four à 170° (th. 5-6). Épluchez les pommes, ôtez le cœur et les pépins puis coupez-les en dés.

2 Versez 1 cuil. à soupe d'huile dans la poêle. Ajoutez 10 g de sucre et les dés de pomme puis laissez caraméliser tout en remuant.

3 Dans un saladier, fouettez les œufs et le reste de sucre. Ajoutez ensuite l'huile.

4 Dans un autre saladier, mélangez les farines avec la levure chimique et le sel. Huilez le moule.

5 Mélangez les 2 préparations jusqu'à l'obtention d'une pâte homogène. Incorporez ensuite les dés de pomme caramélisés.

6 Versez dans le moule et faites cuire 30 minutes. Démoulez sur une grille dès la sortie du four.

❯ Les conseils du chef pâtissier

● **Variante 1 :** Les dés de pomme pourront être flambés au calvados.

● **Variante 2 :** Vous pouvez ajouter de la cannelle ou de la vanille dans la pâte.

● **Variante 3 :** Vous pouvez également ajouter des brisures de marrons glacés.

Le cake noix *et figue*

❯ Ingrédients *6 personnes*

- 1 orange
- 120 g de figues sèches
- 220 g de farine
- 60 g d'amandes en poudre
- 1/2 cuil. à café de cannelle en poudre
- 1/2 sachet de levure chimique
- 2 pincées de sel
- 180 g de beurre + 10 g pour le moule
- 2 sachets de sucre vanillé
- 120 g de sucre semoule
- 3 œufs ● 12 cerneaux de noix

❯ Ustensiles

- 1 presse-agrumes
- 1 bol ● 2 saladiers
- 1 casserole
- 1 fouet ● 1 spatule
- 1 moule à cake d'environ 22 cm

1 Pressez l'orange. Découpez les figues en dés. Placez-les dans un bol et couvrez de jus d'orange. Laissez reposer pendant 30 minutes.

2 Préchauffez le four à 180° (th. 6). Mélangez dans un saladier la farine, les amandes en poudre, la cannelle, la levure et le sel.

3 Faites fondre le beurre dans une casserole.

4 Mélangez dans un autre saladier le sucre vanillé, le sucre semoule et les œufs. Versez la farine en pluie, mélangez, ajoutez le beurre fondu puis incorporez les figues et les noix.

5 Beurrez le moule. Versez la pâte dans le moule beurré.

6 Mettez à cuire pendant environ 40 minutes. Laissez tiédir et démoulez sur une grille.

❯ Les conseils du chef pâtissier

● **Variante 1 :** Vous pouvez parfumer les figues en les faisant tremper dans un mélange pour moitié de rhum et de jus d'orange.

● **Variante 2 :** Pour une texture plus fine, vous pouvez hacher les cerneaux de noix.

Le colombier

> Ingrédients *8 personnes*

- 400 g de melon confit
- 5 cl de liqueur d'orange (Grand Marnier)
- 250 g de poudre d'amandes
- 150 g de sucre • 100 g de farine
- 1 sachet de levure chimique
- 175 g de beurre fondu + 10 g pour le moule
- 3 œufs
- 100 g d'amandes effilées
- 3 cuil. à soupe de confiture d'abricots

> Ustensiles

- 2 saladiers
- 1 spatule
- 1 moule à manqué
- 1 poêle • 1 casserole
- 1 pinceau à pâtisserie

1 Coupez le melon confit en petits dés 3 heures avant la confection du gâteau. Faites macérer les dés de melon dans la liqueur d'orange puis égouttez-les en conservant le jus de macération.

2 Préchauffez le four à 150° (th. 3-4). Dans un saladier, mélangez la poudre d'amandes, le sucre, la farine et la levure chimique. Mélangez bien.

3 Ajoutez le beurre fondu, les œufs et la liqueur de macération. Beurrez le moule. Versez les trois quarts de la pâte dans le moule, répartissez les dés de melon puis recouvrez avec le reste de pâte.

4 Enfournez pendant 15 minutes. Enfoncez la pointe d'un couteau : si elle ressort sèche et que le gâteau est doré, sortez-le du four ; sinon, laissez-le cuire 5 minutes supplémentaires.

5 Faites griller les amandes effilées dans une poêle en les remuant régulièrement. Versez-les dans une assiette pour arrêter la cuisson. Chauffez la confiture d'abricots dans une casserole avec 1 cuil. à café d'eau.

6 Démoulez le gâteau tiède, nappez-le de confiture à l'aide d'un pinceau, saupoudrez les amandes effilées grillées sur le dessus puis dégustez.

❯ Les conseils du chef pâtissier

● Surveillez bien la fin de la cuisson afin que le gâteau ne soit pas trop sec.

● **Variante 1 :** Vous pouvez remplacer le melon confit par des oranges confites.

● **Variantes 2 :** Vous pouvez utiliser un autre alcool pour la macération des fruits confits.

Le fiadone

> Ingrédients *6 personnes*

- 1/2 citron non traité
- 500 g de brocciu (fromage frais corse)
- 5 œufs
- 200 g de sucre
- 1 verre à liqueur d'acquavita corse (eau-de-vie)
- 20 g de beurre

> Ustensiles

- 1 zesteur
- 1 saladier
- 1 fouet
- 1 moule à tarte de 22 cm de diamètre (ou 1 moule à manqué)

1 Préchauffez le four à 180° (th. 6). Lavez le citron et prélevez son zeste à l'aide d'un zesteur. Détaillez des bâtonnets ou hachez le zeste.

2 Écrasez le brocciu à l'aide d'une fourchette. Dans un saladier, fouettez les œufs, le sucre et le zeste du citron jusqu'à ce que le mélange soit mousseux.

3 Ajoutez ensuite le brocciu sans cesser de fouetter.

4 Parfumez la préparation avec l'acquavita.

5 Beurrez légèrement le moule, versez la préparation et faites cuire pendant 30 à 35 minutes.

6 Démoulez le gâteau sur une grille. Le gâteau est cuit lorsqu'il est doré et que la lame du couteau ressort sèche (il est normal que ce gâteau ne gonfle pas et ne soit pas très épais).

❯ Les conseils du chef pâtissier

● Le brocciu est un fromage frais de chèvre ou de brebis que vous pourrez remplacer par de la brousse ou de la ricotta.

● Ce gâteau est généralement servi froid et il se conserve plusieurs jours au frais.

● **Variante 1 :** Vous pouvez remplacer le zeste de citron par celui d'une orange.

● **Variante 2 :** Pour rendre ce gâteau plus léger, vous pouvez séparer les blancs des jaunes, les monter en neige puis les incorporer à la pâte.

● **Dégustation :** Vous pouvez accompagner le fiadone de marmelade ou d'un coulis de fruits.

Le gâteau *ardéchois*

> Ingrédients *6 personnes*

- 100 g de beurre
  + 10 g pour le moule
- 3 œufs
- 100 g de sucre
- 250 g de crème de marron

- 2 cuil. à soupe de rhum brun
- 125 g de farine
- 1/2 sachet de levure en poudre
- 1 pincée de sel

> Ustensiles

- 1 casserole
- 2 saladiers
- 1 fouet • 1 fouet électrique
- 1 maryse
- 1 moule à manqué d'environ 22 cm
  de diamètre

1 Préchauffez le four à 180° (th. 6). Dans une casserole, faites fondre le beurre à feu doux. Cassez les œufs et séparez les jaunes des blancs.

2 Fouettez les jaunes avec le sucre jusqu'à ce que le mélange blanchisse.

3 Ajoutez la crème de marron, le rhum et le beurre fondu puis mélangez bien. Ajoutez la farine et la levure puis mélangez.

4 Ajoutez 1 pincée de sel aux blancs d'œufs et battez-les en neige. Ajoutez-les délicatement au mélange précédent à l'aide d'une maryse.

5 Beurrez le moule à manqué et versez la préparation. Enfournez environ 35 minutes.

❯ Les conseils du chef pâtissier

● Vérifiez la cuisson en piquant le gâteau avec la pointe d'un couteau. Quand elle ressort sèche, le gâteau est cuit.

● **Variante 1 :** Pour un gâteau plus « riche », vous pouvez ajouter à la pâte des brisures de marron glacé.

● **Variante 2 :** Cette recette, typique du pays ardéchois, met particulièrement en valeur la saveur du marron.
Vous pouvez l'enrichir en ajoutant 1 cuil. à soupe de brisures de noix.

● **Dégustation :** Servez le gâteau ardéchois avec un nappage au chocolat réalisé avec 150 g de chocolat fondu et 50 g de beurre.

Le gâteau de Savoie *au thé vert*

> **Ingrédients** *6 personnes*

- 4 œufs
- 125 g de sucre + 10 g pour le moule
- 50 g de farine
- 50 g de fécule
- 10 g de thé vert en poudre (thé matcha)
- 10 g de beurre

> **Ustensiles**

- 2 saladiers
- 1 fouet électrique
- 1 tamis ● 1 maryse
- 1 moule à manqué d'environ 20 cm de diamètre

1 Préchauffez le four à 170° (th. 5-6). Cassez les œufs et séparez les blancs des jaunes. À l'aide du fouet électrique, fouettez les jaunes avec la moitié du sucre jusqu'à ce que le mélange blanchisse et double de volume.

2 Montez les blancs en neige ferme à l'aide du fouet électrique en leur ajoutant progressivement l'autre moitié du sucre.

3 Incorporez 1 cuil. de blancs en neige dans les jaunes d'œufs sucrés et mélangez bien.

4 Tamisez ensemble la farine, la fécule et le thé. Incorporez-les ainsi que le reste des blancs en neige dans le mélange jaunes-sucre. Mélangez délicatement mais rapidement avec une maryse.

5 Beurrez généreusement et poudrez de sucre le moule. Versez la pâte en remplissant au maximum aux deux tiers du moule. Enfournez pour environ 40 minutes.

6 Vérifiez la cuisson avec la pointe d'un couteau et démoulez sur une grille.

❯ Les conseils du chef pâtissier

● Le thé matcha est un thé vert japonais en poudre au goût très typé que vous trouverez
dans les épiceries fines ou dans les boutiques de thé.
● La fécule apporte de la légèreté au biscuit, mais vous pouvez la remplacer par de la maïzena.
● Parfait à l'heure du thé, le gâteau de Savoie doit cuire à four très doux pour être bien moelleux.
Il se conserve plusieurs jours hermétiquement enveloppé.

Le gratin *de figues*

❯ Ingrédients *4 personnes*

- 10 g de beurre
- 800 g de figues violettes
- 1 œuf entier + 2 jaunes
- 2 cuil. à soupe de sucre en poudre
- 30 g d'amandes en poudre
- 2 cuil. à soupe de muscat
- 100 g de ricotta
- 100 g de crème fraîche épaisse
- 1 cuil. à soupe de cassonade

❯ Ustensiles

- 1 plat à gratin
- 2 saladiers
- 1 spatule

1 Préchauffez le four à 170° (th. 5-6). Beurrez un plat à gratin. Coupez les figues en 2 et déposez-les dans le plat, face coupée vers le haut.

2 Dans un saladier, battez en omelette l'œuf entier avec les jaunes. Incorporez le sucre, les amandes en poudre et le muscat. Battez 30 secondes, sans chercher à blanchir le mélange.

3 À part, travaillez la ricotta à la spatule pour la détendre. Ajoutez la crème fraîche en mélangeant. Incorporez le tout à la préparation précédente.

4 Versez sur les figues. Parsemez de cassonade.

5 Mettez au four et laissez cuire 25 minutes. Laissez refroidir hors du four avant de servir.

〉 Les conseils du chef pâtissier

● Ne choisissez pas des figues trop mûres afin qu'elles gardent une bonne tenue pendant la cuisson.

● **Variante 1 :** Vous pouvez remplacer le mélange ricotta-crème fraîche par 200 g de yaourt à la grecque, votre gratin de figues n'en sera que plus léger et goûteux.

● **Variante 2 :** Remplacez un tiers des figues par 125 g de framboises fraîches ou surgelées. L'alliance de saveurs entre les deux fruits est simplement parfaite.

Le matefaim *aux pruneaux*

> Ingrédients *6 personnes*

- 200 g de pruneaux
- 1 cuil. à soupe de rhum
- 60 g de beurre
  + 15 g pour la cuisson (ou de l'huile)
- 2 œufs
- 150 g de farine
- 100 g de sucre
- 15 cl de lait
- 1 pincée de sel

> Ustensiles

- 1 bol ● 1 casserole
- 3 saladiers
- 1 fouet ● 1 fouet électrique
- 1 poêle d'environ 28 cm de diamètre

1 Dénoyautez les pruneaux à l'aide d'un petit couteau. Versez les pruneaux dans un bol d'eau tiède puis ajoutez le rhum. Faites fondre le beurre dans une petite casserole.

2 Cassez les œufs et séparez les blancs des jaunes.

3 Versez la farine dans le saladier. Ajoutez les jaunes d'œufs, le sucre et délayez au fouet en ajoutant progressivement le lait. Mélangez bien pour éliminer les grumeaux.

4 Ajoutez le beurre fondu. Montez les blancs en neige ferme avec le sel. Ajoutez-les délicatement à la préparation. Ajoutez les pruneaux bien égouttés.

5 Faites chauffer du beurre ou de l'huile dans la poêle. Quand la matière grasse est bien chaude, versez la pâte.

6 Faites cuire sur feu moyen jusqu'à ce que le matefaim soit cuit dessous et que le centre soit pris. Retournez délicatement et faites cuire jusqu'à ce que les deux faces soient bien dorées. Vérifiez la cuisson intérieure avec la pointe d'un couteau.

❭ Les conseils du chef pâtissier

● Aidez-vous d'un plat ou d'une grande assiette pour retourner le matefaim sans le casser (faites-le glisser).

● **Variante :** Vous pouvez réhydrater les pruneaux dans du thé. Si les pruneaux sont très moelleux, cette étape n'est pas nécessaire.

● **Dégustation :** Servez le matefaim tiède saupoudré de sucre glace.

Les barquettes *aux marrons*

❯ Ingrédients *10 barquettes*

- 10 fonds de tartelettes en pâte sablée et en forme de barquette

Pour la crème de marron

- 50 g de beurre
- 150 g de crème de marron
- 150 g de pâte de marron
- 25 g de rhum
- 200 g de fondant blanc
- 50 g de fondant brun (ou de chocolat fondu)

❯ Ustensiles

- 1 saladier
- 1 fouet
- 1 spatule en inox
- 2 casseroles
- 1 fourchette à fondue

1 Dans un saladier, mélangez le beurre et la crème de marron puis ajoutez la pâte de marron.

2 Fouettez l'ensemble et ajoutez le rhum pour parfumer.

3 Avec la spatule, réalisez un dôme de crème de marron sur les fonds de tartelettes. L'opération se fait en raclant de part et d'autre du fond de tartelette.

4 Au bain-marie, réchauffez le fondant blanc pour le rendre malléable.

5 À l'aide d'une fourchette à fondue, piquez une tartelette par le dessous et plongez le dôme de crème de marron dans le fondant blanc. Renouvelez l'opération pour toutes les barquettes.

6 Une fois les barquettes recouvertes de fondant blanc, réalisez un liseré à l'aide d'un cornet formé avec du papier sulfurisé et garni de fondant brun.

❯ Les conseils du chef pâtissier

● Attention, au moment du trempage dans le fondant blanc, l'opération doit être rapide
car la chaleur peut faire fondre la crème de marron.

● Si vous n'avez pas de papier sulfurisé ou si vous n'avez pas de fondant brun,
vous pouvez réaliser le liseré avec une petite cuillère et du chocolat fondu.

● **Variante 1 :** Vous pouvez remplacer la pâte de marron par des brisures de marrons confits.

● **Variante 2 :** Vous pouvez aromatiser le fondant blanc au parfum que vous souhaitez.

Les biscuits *à l'huile d'olive*

> Ingrédients *6 personnes*

- 1 orange non traitée
- 250 g de farine
  + 10 g pour la plaque
- 5 cl de jus d'orange
- 2,5 cl d'huile d'olive
- 40 g de sucre semoule
- 1/2 cuil. à café de sel
- 2 cuil. à soupe de graines
  de sésame

> Ustensiles

- 1 râpe
- 2 saladiers

1 Râpez finement le zeste de l'orange.

2 Versez la farine dans un saladier. Creusez un puits.

3 Déposez dans le saladier le jus d'orange et l'huile d'olive. Ajoutez le zeste d'orange râpé, le sucre semoule, le sel et les graines de sésame. Mélangez la pâte.

4 Formez une boule et déposez-la dans un saladier. Couvrez d'un film alimentaire et mettez au frais pendant 30 minutes.

5 Préchauffez le four à 180° (th. 6). Prélevez de petites boules de pâte de taille régulière. Roulez-les entre vos mains en petits boudins. Formez des nœuds.

6 Rangez les boudins de pâte sur une plaque de four légèrement farinée. Faites cuire environ 15 minutes. Laissez refroidir sur une grille.

> ❯ **Les conseils du chef pâtissier**

● Pour accentuer le doré de vos biscuits, il est possible de les badigeonner de jaune d'œuf battu.

● **Variante :** Vous pouvez parfumer la pâte avec 2 cuil. à soupe de cognac ou de rhum.

● **Dégustation :** Servez ces biscuits au moment du café, comme on le fait traditionnellement en Grèce.

Les biscuits au fenouil
et aux pignons de pin

> **Ingrédients** *20 biscuits environ*

- 200 g de farine
- 1/2 cuil. à café de fenouil en poudre
- 1/2 cuil. à café de vanille liquide
- 1/2 cuil. à café de sel
- 100 g de beurre mou
- 100 g de sucre
- 1 œuf
- 50 g de pignons de pin

> **Ustensiles**

- 2 saladiers
- 1 spatule

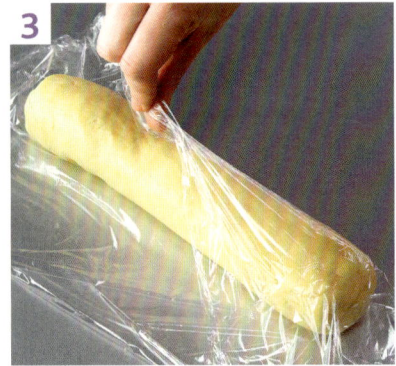

SUD-EST

1 Mélangez la farine, le fenouil en poudre, la vanille liquide et le sel dans un saladier. Dans un autre saladier, blanchissez le beurre et le sucre en remuant.

2 Réunissez les 2 préparations. Travaillez la pâte jusqu'à ce qu'elle soit bien homogène. Terminez en ajoutant l'œuf.

3 Formez un rouleau régulier (l'épaisseur dépend de la taille que vous souhaitez donner à vos biscuits), filmez et réservez au frais 2 heures.

4 Préchauffez le four à 180° (th. 6). Ôtez le film alimentaire et coupez le rouleau en tranches de même épaisseur.

5 Recouvrez la plaque du four de papier sulfurisé et disposez les biscuits dessus.

6 Enfoncez les pignons sur le dessus des biscuits et faites cuire 15 minutes. Laissez refroidir et dégustez.

❯ **Les conseils du chef pâtissier**

● Vous pouvez mettre plus de fenouil si vous le souhaitez, car l'arôme est très léger.

● **Variante 1 :** Vous pouvez choisir d'autres épices (de la cannelle, de l'anis…).

● **Variante 2 :** Vous pouvez également déposer des amandes concassées ou des raisins sur le dessus des biscuits.

Les calissons

› Ingrédients *50 calissons*

- 125 g d'amandes en poudre
- 125 g de sucre glace
- 1,5 cuil. à soupe d'eau de fleur d'oranger
- 250 g de melon confit
- 50 g d'orange confite
- 1 feuille de pain azyme
- 1/2 blanc d'œuf
- 150 g de sucre glace

› Ustensiles

- 1 mixeur
- 1 plat sans bords
- 1 cadre rectangulaire
- 1 spatule ● 1 bol
- 1 fouet électrique
- 1 emporte-pièces pour calisson

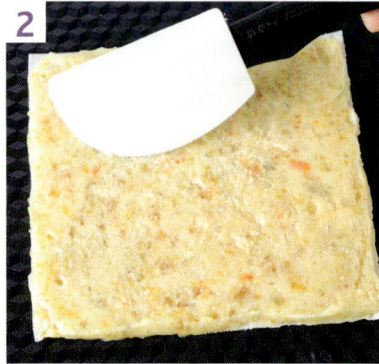

1. Versez les amandes en poudre, le sucre glace, l'eau de fleur d'oranger, le melon confit et l'orange confite dans le mixeur. Mixez le tout jusqu'à l'obtention d'une pâte homogène assez ferme.

2. Posez la feuille de pain azyme sur le plat puis déposez le cadre dessus. Versez la pâte à calissons dedans et lissez à l'aide d'une spatule (humidifiez-la pour étaler la pâte plus facilement).

3. Laissez sécher cette pâte 1 à 2 jours (ou plus si nécessaire).

4. Dans un bol, versez le blanc d'œuf et le sucre glace. Fouettez l'ensemble jusqu'à ce qu'il n'y ait plus de grumeaux (la pâte doit avoir la consistance d'un fondant pour éclair).

5. Préchauffez votre four à 130° (th. 4-5). Détaillez vos calissons à l'aide d'un emporte-pièces ou taillez des bandes de pâte que vous couperez ensuite en losanges.

6. Trempez le dessus des calissons un par un dans le glaçage et retournez-les en les posant sur une grille. Faites-les sécher 10 minutes à température ambiante puis 5 minutes au four. Conservez-les dans une boîte hermétique.

〉 Les conseils du chef pâtissier

● Les feuilles de pain azyme sont difficiles à trouver, vous pouvez aisément les remplacer par des feuilles de brick.

● Vous pouvez remplacer les amandes en poudre et le sucre glace par de la pâte d'amandes toute faite.

● Vous pouvez faire vous-même le melon confit et l'orange confite.

● **Variante 1 :** Remplacez le melon par de l'abricot ou un autre fruit confit.

● **Variante 2 :** Vous pouvez remplacer la fleur d'oranger par un autre arôme (vanille, café, cannelle...).

Les navettes *de Marseille*

> Ingrédients *50 navettes*

- 500 g de farine
- 1/2 sachet de levure chimique
- 70 g de beurre
- 2 œufs entiers + 1 jaune
- 250 g de sucre en poudre

- 3 cuil. à soupe d'eau de fleur d'oranger
- 2 cuil. à soupe de lait

> Ustensiles

- 1 tamis
- 2 saladiers
- 1 spatule
- 1 pinceau à pâtisserie

1 Tamisez la farine et la levure chimique dans un saladier.

2 Dans un autre saladier, travaillez vigoureusement à la spatule le beurre, les œufs entiers et le jaune avec le sucre en poudre.

3 Délayez progressivement avec l'eau de fleur d'oranger. Versez la farine en pluie et mélangez.

4 Divisez la pâte en 50 parts environ. Façonnez de petites barquettes effilées aux extrémités et incurvées au centre. Déposez-les sur la plaque du four recouverte de papier sulfurisé. Laissez reposer 2 heures.

5 Préchauffez le four à 190° (th. 6-7). Pour la dorure, badigeonnez les navettes de lait au pinceau.

6 Mettez à cuire 15 minutes. Laissez refroidir hors du four : les navettes vont légèrement durcir.

❯ **Les conseils du chef pâtissier**

● La recette historique des navettes utilise du beurre, mais on trouve souvent des variantes à l'huile d'olive pour un parfum plus typiquement provençal. Vous pouvez ainsi remplacer le beurre par 3 à 4 cuil. à soupe d'huile d'olive, des baux de Provence bien sûr !

● Façonnez le creux des navettes avec le côté du pouce, vous attraperez le tour de main en deux ou trois essais à peine.

● **Variante :** Vous pouvez remplacer l'eau de fleur d'oranger par le zeste finement râpé d'un citron non traité ou des graines d'anis vert.

Les tartelettes *à la crème de marron*

> **Ingrédients** *6 personnes*

- 250 g de pâte sablée (ou sucrée)
- 2 œufs
- 25 g de sucre
- 200 g de crème de marron
- 20 cl de crème fraîche

> **Ustensiles**

- 1 rouleau à pâtisserie
- 6 moules à tartelettes
- 1 fouet
- 1 saladier
- 1 spatule

1 Préchauffez le four à 190° (th. 6-7). Foncez les moules avec la pâte étalée puis piquez-la légèrement avec une fourchette. Réservez au frais.

2 Blanchissez les œufs et le sucre à l'aide d'un fouet.

3 Ajoutez la crème de marron et mélangez bien.

4 Ajoutez la crème fraîche et mélangez de nouveau. La crème doit être homogène.

5 Versez la crème sur les fonds de pâte et faites cuire 30 minutes. La crème doit être prise.

6 Démoulez et laisser tiédir sur une grille.

❯ Les conseils du chef pâtissier

● Si vous n'aimez pas les desserts trop sucrés, utilisez plutôt de la purée de marron.

● Vous pouvez légèrement cuire la pâte à blanc avant de garnir les tartelettes.

● **Variante 1 :** Vous pouvez parfumer la crème avec du rhum.

● **Variante 2 :** Vous pouvez ajouter de la vanille liquide ou en poudre dans la crème.

Gâteaux et douceurs du sud-ouest

La brioche aux amandes *et aux noisettes*

❯ Ingrédients *4 personnes*

- 12 g de levure fraîche de boulanger
- 5 cl de lait tiède
- 2 œufs entiers + 2 jaunes
- 280 g de farine + 10 g pour la plaque
- 60 g de sucre cassonade
- 2 sachets de sucre vanillé
- 3 pincées de sel
- 140 g de beurre mou découpé en dés + 10 g pour le moule
- 40 g d'amandes hachées
- 60 g de noisettes hachées

❯ Ustensiles

- 2 bols
- 1 fouet
- 1 saladier
- 1 plat creux
- 1 pinceau à pâtisserie

1 Émiettez la levure et délayez-la dans un bol avec le lait tiède. Fouettez les œufs entiers et 1 jaune d'œuf dans un autre bol.

2 Versez la farine dans un saladier, creusez un puits et déposez la levure délayée, les œufs battus, le sucre cassonade, le sucre vanillé et le sel. Pétrissez la pâte et incorporez les dés de beurre.

3 Formez une boule de pâte, déposez-la dans un plat creux et couvrez d'un linge. Laissez reposer 2 heures dans un endroit chaud.

4 Incorporez les amandes et les noisettes hachées dans la pâte. Partagez la pâte en 3 boudins d'environ 25 cm de long.

5 Formez une tresse avec les 3 boudins de pâte. Repliez les extrémités en dessous. Rangez la brioche sur une plaque de four légèrement farinée. Laissez reposer 45 minutes dans un endroit chaud.

6 Préchauffez le four à 180° (th. 6). Badigeonnez le dessus de la brioche avec le dernier jaune d'œuf et faites cuire pendant environ 35 minutes.

❯ Les conseils du chef pâtissier

● **Variante 1** : Vous pouvez aussi ajouter des fruits secs hachés dans votre pâte.
Ou bien la parfumer avec 1 cuil. à soupe de cognac ou de rhum.
● **Variante 2** : Vous pouvez confectionner 2 petites tresses briochées
avec la même quantité de pâte en diminuant le temps de cuisson à 20 minutes.

La croustade *aux pommes*

❯ Ingrédients *6 personnes*

- 4 pommes
- 75 g de sucre
- 1 cuil. à soupe d'armagnac ou de cognac
- 10 cl d'eau
- 60 g de beurre
- 150 g de feuilles de brick (ou de pâte filo)
- 40 g de sucre glace

❯ Ustensiles

- 1 saladier
- 1 pinceau à pâtisserie
- 1 moule d'environ 25 cm de diamètre

1 Épluchez les pommes puis coupez-les en lamelles. Mettez-les dans un saladier avec la moitié du sucre, l'alcool et l'eau. Laissez macérer pendant environ 30 minutes.

2 Préchauffez le four à 180° (th. 6). Faites fondre le beurre à feu doux. Badigeonnez la moitié des feuilles de brick de beurre fondu à l'aide du pinceau.

3 Disposez les feuilles au fond du moule en les faisant se chevaucher et dépasser sur les bords.

4 Recouvrez avec les pommes macérées. Saupoudrez du reste de sucre. Rabattez les excédents de pâte sur les pommes.

5 Badigeonnez le reste des feuilles de beurre fondu. Chiffonnez-les et disposez-les sur les pommes pour les recouvrir. N'hésitez pas à donner du volume car les feuilles réduisent à la cuisson.

6 Saupoudrez largement de sucre glace pour que la pâte caramélise. Enfournez pour environ 30 minutes. Servez tiède.

❭ Les conseils du chef pâtissier

● La croustade aux pommes est une spécialité régionale du Midi-Pyrénées dont la pâte, très fine et croustillante, est complexe à réaliser. On la remplace ici par des feuilles de brick ou de la pâte filo.

● La pâte filo est d'origine grecque. Elle est très fine et souple, mais vous trouverez plus facilement dans le commerce des feuilles de brick (d'origine orientale).

● Pour que le fond de la croustade cuise bien, veillez à ne pas mettre le liquide de macération des pommes.

La dacquoise

> **Ingrédients** *6 à 8 personnes*

- 3 blancs d'œufs
- 50 g de sucre
- 20 g de farine
- 80 g de poudre d'amandes
- 100 g de sucre glace

> **Ustensiles**

- 2 saladiers
- 1 fouet électrique
- 1 tamis
- 1 spatule
- 1 moule rond à biscuit
  (ou 1 plaque de four recouverte
  de papier sulfurisé)

1 Préchauffez le four à 170° (th. 5-6). Battez les blancs en neige. Lorsqu'ils sont bien serrés, ajoutez le sucre en pluie tout en continuant de fouetter.

2 Tamisez ensemble la farine, la poudre d'amandes et le sucre glace.

3 Ajoutez le mélange tamisé aux blancs en neige à l'aide d'une spatule.

4 Versez la pâte dans le moule et cuisez 15 à 20 minutes.

5 Démoulez le biscuit sur une grille lorsqu'il est encore tiède.

❯ Les conseils du chef pâtissier

● Avant de monter les blancs en neige, vous pouvez y ajouter 1 pincée de sel. Ainsi, ils resteront bien fermes.

● Cette préparation est un grand classique de la pâtisserie française. La dacquoise est une pâte à meringue qui connaît de nombreuses variantes. On peut la garnir de ganache au chocolat au lait par exemple.

● **Variante :** Vous pouvez aromatiser le biscuit avec 1 cuil. à soupe de rhum ou de Grand Marnier ou quelques gouttes d'extrait de café.

La galette des rois *bordelaise*

❯ Ingrédients *8 personnes*

- 15 g de levure de boulanger
- 300 g de farine + 30 g
- 75 g de sucre ● 2 cuil. à café de sel
- Le zeste râpé d'un citron
- 1 cuil. à soupe de fleur d'oranger
- 2 cuil. à soupe de cognac ● 3 œufs
- 200 g de beurre mou découpé en dés

Pour la finition

- 1 jaune d'œuf ● 80 g de fruits confits
- 3 cuil. à soupe de nappage blond ou de gelée d'abricots
- 60 g de sucre en grains

❯ Ustensiles

- 2 bols
- 1 saladier
- 1 pinceau à pâtisserie
- 1 casserole

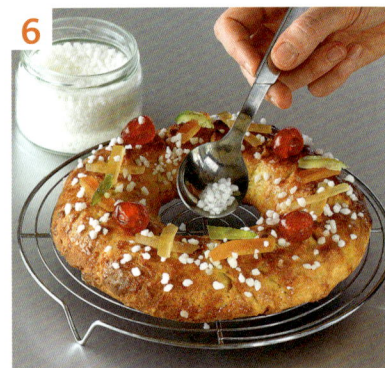

1 Délayez la levure dans 2 cuil. à soupe d'eau tiède.

2 Dans un saladier, versez la farine, la levure délayée, le sucre, le sel, le zeste de citron, la fleur d'oranger et le cognac. Commencez à mélanger la pâte puis pétrissez-la à la main.

3 Incorporez les œufs un par un, pétrissez à nouveau puis ajoutez les dés de beurre. Lorsque la pâte est homogène, formez une boule, saupoudrez-la de farine puis couvrez avec un linge propre et laissez lever 2 heures dans un endroit tiède.

4 Sortez la pâte du saladier, posez-la sur la plaque du four recouverte de papier sulfurisé, rompez-la et donnez-lui la forme d'une couronne (c'est à ce moment-là que vous pourrez glisser une fève dans la galette). Recouvrez avec le linge et laissez lever 1 heure. Préchauffez le four à 210° (th. 6-7).

5 À l'aide d'un pinceau, dorez la surface avec le jaune d'œuf. Faites des entailles en forme de croix sur le dessus à l'aide d'une paire de ciseaux. Laissez cuire 40 minutes puis laissez refroidir sur une grille.

6 Faites chauffez le nappage ou la gelée dans une casserole avec un peu d'eau puis nappez le dessus de la couronne avec le pinceau. Répartissez les fruits confits et saupoudrez de sucre.

❯ Les conseils du chef pâtissier

● Vous pouvez réaliser cette recette avec un robot ménager (avec un crochet ou une feuille pour pétrir)
en incorporant les ingrédients dans le même ordre.

● Si votre pâte est trop souple, vous pouvez ajouter de la farine.

● **Variante 1 :** Vous pouvez mettre l'alcool ou le parfum que vous souhaitez dans la pâte, du rhum ou de l'eau de rose par exemple.

● **Variante 2 :** Les fruits confits sont facultatifs, vous pouvez choisir de n'en mettre qu'une sorte (de l'orange confite par exemple).

La koka *basque*

> **Ingrédients** *6 personnes*

- 50 cl de lait
- 8 jaunes d'œufs
- 150 g de sucre
- 3 blancs d'œufs
- 10 cl de crème fraîche épaisse

Pour le caramel

- 100 g de sucre
- 3 cuil. à soupe d'eau

> **Ustensiles**

- 2 casseroles
- 1 saladier
- 1 fouet
- 1 moule en terre long
- 6 petits ramequins

1 Préchauffez le four à 180° (th. 6). Portez le lait à ébullition.

2 Fouettez les jaunes d'œufs avec le sucre jusqu'à ce que le mélange blanchisse légèrement.

3 Versez le lait bouillant sur le mélange jaunes-sucre tout en fouettant.

4 Ajoutez les blancs d'œufs. Ajoutez la crème et mélangez bien à l'aide du fouet. Réservez.

5 Mettez le sucre et l'eau dans une casserole. Portez à ébullition puis laissez cuire jusqu'au caramel. Versez le caramel dans les ramequins.

6 Versez la crème sur le caramel et enfournez au bain-marie pour environ 45 minutes. Vérifiez la cuisson en piquant la crème avec la pointe d'un couteau. Laissez refroidir avant de mettre au réfrigérateur.

❯ Les conseils du chef pâtissier

● La koka est une sorte de crème aux œufs traditionnelle du Pays basque.

● Mélangez bien le sucre et l'eau avant de faire chauffer.

● Faites plus ou moins cuire le caramel selon votre goût : plus il sera foncé, plus il sera amer. Attention, le caramel brunit très rapidement.

La tarte à l'orange *et aux noisettes*

> ❯ **Ingrédients** *4 personnes*

- 250 g de pâte sablée
- 4 oranges
- 150 g de beurre mou
- 100 g de sucre glace

- 3 œufs
- 40 g de farine
- 50 g d'amandes en poudre
- 100 g de noisettes en poudre

> ❯ **Ustensiles**

- 1 moule à tarte
- 2 saladiers
- 1 fouet
- 1 spatule

1 Préchauffez le four à 180° (th. 6). Foncez le moule à tarte avec la pâte puis piquez-la avec une fourchette. Réservez au frais. Pelez les oranges à vif et taillez-les en tranches.

2 Dans un saladier, fouettez le beurre et le sucre glace jusqu'à ce que le mélange blanchisse. Ajoutez les œufs un par un et fouettez de nouveau.

3 Dans un autre saladier, mélangez la farine, les amandes et les noisettes. Incorporez ces éléments secs au premier mélange.

4 Une fois la pâte homogène, garnissez le fond du moule de la moitié de la pâte.

5 Disposez les tranches d'orange sur la pâte puis recouvrez-les du reste de pâte.

6 Faites cuire la tarte pendant 45 minutes : la crème doit être prise et colorée. Laissez refroidir et dégustez.

❯ **Les conseils du chef pâtissier**

● Remplacez la moitié du beurre par de la crème fraîche épaisse pour encore plus d'onctuosité.

● **Variante 1 :** Vous pouvez remplacer les noisettes par du pralin.

● **Variante 2 :** Parfumez la pâte avec une épice (cardamome, quatre-épices…) ou de l'alcool (rhum, alcool de noix…).

La tarte gasconne aux pommes
et aux pruneaux

› Ingrédients *4 personnes*

- 250 g de pâte sablée
- 30 cl de crème fraîche épaisse
- 60 g de sucre
- 10 g de maïzena
- 2 œufs
- 3 pommes
- 150 g de pruneaux dénoyautés
- 30 g de beurre
- 4 cuil. à soupe de cognac

› Ustensiles

- 1 moule à tarte
- 1 saladier
- 1 fouet
- 1 poêle

1 Préchauffez le four à 180° (th. 6). Foncez le moule à tarte avec la pâte. Piquez-la à l'aide d'une fourchette et réservez-la au frais.

2 Dans un saladier, mélangez la crème fraîche, le sucre, la maïzena et les œufs. Fouettez bien et réservez.

3 Pelez et coupez les pommes en dés réguliers. Coupez les pruneaux en 2. Faites fondre le beurre dans une poêle et versez les pommes. Laissez cuire jusqu'à ce qu'elles soient bien tendres.

4 Ajoutez les pruneaux dans la poêle, faites chauffer rapidement puis ôtez les fruits. Chauffez la poêle à feu vif, versez le cognac puis remuez la poêle en formant des cercles : lorsque le fond est dissous, réservez.

5 Répartissez les fruits sur le fond de pâte. Versez le mélange crémeux sur les fruits.

6 Faites cuire la tarte pendant 45 minutes : la crème doit être prise et la tarte doit avoir une belle couleur dorée.

❭ Les conseils du chef pâtissier

● Si la pâte colore trop vite et que la crème n'est pas prise, mettez une feuille d'aluminium sur le dessus.

● **Variante 1 :** Utilisez les fruits de votre choix (pommes, raisins secs, poires…).

● **Variante 2 :** Parfumez la crème avec de la cannelle ou de la vanille.

Le charentais

> **Ingrédients** *4 personnes*

- 4 œufs
- 150 g de sucre
- 200 g de farine + 10 g pour le moule
- 100 g d'amandes hachées
- 1 pincée de sel
- 10 g de beurre

> **Ustensiles**

- 2 saladiers
- 1 fouet • 1 fouet électrique
- 1 cuillère en bois
- 1 maryse
- 1 moule à manqué

1 Préchauffez le four à 180° (th. 6). Cassez les œufs et séparez les blancs des jaunes. Fouettez les jaunes et le sucre à l'aide d'un fouet jusqu'à ce que le mélange blanchisse.

2 Ajoutez la farine, mélangez bien puis incorporez les amandes hachées.

3 Montez les blancs en neige bien ferme avec le sel.

4 Incorporez délicatement les blancs à la première préparation à l'aide d'une maryse pour ne pas les faire retomber.

5 Beurrez et farinez le moule.

6 Versez la préparation dans le moule et faites cuire environ 20 minutes.

❯ Les conseils du chef pâtissier

● **Variante 1 :** Remplacez les amandes hachées par des noisettes ou des noix.

● **Variante 2 :** Vous pouvez ajouter des épices à la préparation (cannelle, vanille...).

● **Dégustation :** Vous pouvez servir ce gâteau avec une crème anglaise ou un coulis.

Le gâteau *basque*

> ## Ingrédients *6 personnes*

Pour la pâte

- 250 g de farine + 10 g pour le plan de travail
- 1/2 sachet de levure
- 125 g de sucre ● 1 pincée de sel
- 125 g de beurre mou découpé en dés

- 2 œufs + 1 œuf battu pour la dorure

Pour la crème

- 25 cl de lait ● 2 jaunes d'œufs
- 60 g de sucre ● 25 g de farine
- 125 g de poudre d'amandes
- 2 cuil. à soupe de rhum brun

> ## Ustensiles

- 2 saladiers
- 1 casserole ● 1 fouet électrique
- 1 moule à tarte ou à manqué d'environ 22 cm de diamètre
- 1 spatule ● 1 bol
- 1 pinceau à pâtisserie
- 1 rouleau à pâtisserie

1 Mélangez dans un saladier la farine avec la levure et le sucre. Ajoutez les dés de beurre puis sablez la pâte : frottez le beurre et la farine entre vos mains pour obtenir une consistance sableuse.

2 Ajoutez les œufs et le sel puis mélangez pour amalgamer la pâte. Emballez la pâte dans du film alimentaire et laissez reposer au réfrigérateur au minimum 2 heures (vous pouvez la laisser reposer toute la nuit).

3 Portez le lait à ébullition. Fouettez les jaunes d'œufs avec le sucre. Ajoutez la farine et fouettez à nouveau. Versez petit à petit le lait bouillant sur le mélange tout en fouettant. Reversez le tout dans la casserole et faites épaissir à feu doux sans cesser de fouetter. Hors du feu, ajoutez la poudre d'amandes et le rhum. Laissez la crème refroidir.

4 Coupez la pâte en 2 parts égales. Sur le plan de travail fariné, étalez une moitié de pâte. Déposez la pâte dans le moule en laissant les bords dépasser. Étalez la crème sur la pâte.

5 Rabattez les bords de pâte sur la crème puis dorez-les avec un pinceau trempé dans l'œuf battu. Étalez l'autre moitié de pâte et découpez-la au diamètre du moule. Couvrez-en le gâteau. Faites bien adhérer.

6 Dorez le dessus du gâteau avec l'œuf battu. À l'aide d'une fourchette, faites des rayures en diagonale que vous croiserez. Enfournez environ 40 minutes.

❯ Les conseils du chef pâtissier

● Sabler la pâte consiste à réduire le beurre en petites particules enrobées de farine.
La consistance obtenue ressemble alors à du sable et apporte le croustillant.

● Vous pouvez remettre le gâteau au frais avant de le dorer et de le décorer à la fourchette.
La pâte refroidie sera plus ferme et plus facile à rayer.

● Traditionnellement, le gâteau basque est fourré avec de la confiture de cerises noires.

● **Variante :** Vous pouvez utiliser la même recette en remplaçant simplement la crème par de la confiture.

Le gâteau *du Périgord*

> ## Ingrédients *6 personnes*

- 100 g de beurre + 10 g pour le moule
- 4 œufs
- 150 g de sucre semoule
- 2 sachets de sucre vanillé
- 100 g de farine + 10 g pour le moule
- 200 g d'amandes en poudre
- 80 g de cerneaux de noix hachés
- 2 pincées de sel
- 1 cuil. à soupe de sucre glace

> ## Ustensiles

- 1 moule rond à bords hauts et à fond amovible
- 1 casserole
- 3 saladiers ● 1 fouet ● 1 spatule
- 1 fouet électrique ● 1 passoire fine

1 Préchauffez le four à 160° (th. 5-6). Beurrez et farinez légèrement le moule. Faites fondre le beurre à feu doux puis ôtez du feu.

2 Cassez 4 œufs puis séparez les blancs des jaunes. Fouettez le sucre semoule et le sucre vanillé avec les 4 jaunes d'œufs.

3 Mélangez dans un saladier la farine avec les amandes en poudre et les cerneaux de noix hachés. À l'aide d'un fouet électrique, montez les blancs en neige avec le sel.

4 Ajoutez le beurre fondu dans le mélange œufs-sucre. Incorporez peu à peu un tiers des blancs en neige dans le mélange.

5 Versez en pluie le mélange farine-amandes-noix puis incorporez le reste des blancs en neige.

6 Mettez à cuire environ 35 minutes. Démoulez ensuite sur une grille et laissez refroidir. Saupoudrez de sucre glace.

❭ **Les conseils du chef pâtissier**

● **Variante 1 :** Vous pouvez enrichir la pâte en ajoutant 40 g de pignons de pin ou d'amandes concassées.

● **Variante 2 :** Vous pouvez aussi abricoter le dessus du gâteau et saupoudrer ensuite une fine couche de sucre glace.

● **Variante 3 :** La pâte sera agréablement parfumée si vous ajoutez quelques gouttes d'extrait de café.

Le pain d'épice *aux noisettes*

❯ Ingrédients *6 personnes*

- 10 g de beurre ● 10 cl de lait
- 200 g de miel
- 125 g de farine
- 100 g de farine complète ● 1 œuf
- 1/2 sachet de levure chimique
- 50 g d'amandes en poudre

- 80 g de noisettes hachées
- 4 pincées de cannelle en poudre
- 4 pincées de noix de muscade
- 4 pincées de gingembre en poudre
- 1/2 cuil. à café d'anis en grains

❯ Ustensiles

- 1 moule à cake de 24 cm
- 1 casserole
- 1 saladier

1 Préchauffez le four à 160° (th. 5-6). Beurrez le moule.

2 Faites doucement chauffer le lait et le miel dans une casserole. Portez au frémissement puis ôtez la casserole du feu.

3 Mélangez la farine, la farine complète et la levure chimique dans un saladier.

4 Ajoutez les amandes en poudre, les noisettes hachées, la cannelle, la noix de muscade, le gingembre et l'anis.

5 Creusez un puits, ajoutez le miel et le lait puis mélangez. Incorporez l'œuf. Versez la préparation dans le moule.

6 Mettez le pain d'épice à cuire au four environ 50 minutes. Laissez tiédir le pain d'épice puis démoulez-le sur une grille à pâtisserie.

❯ Les conseils du chef pâtissier

● Hachez de préférence les noisettes vous-même.
Et pour qu'elles aient encore plus de saveur, faites-les légèrement griller dans une poêle antiadhésive avant de les incorporer à la pâte.
● **Variante :** Vous pouvez remplacer les noisettes par la même quantité de noix.

Le pastis *landais*

Ingrédients *6 personnes*

- 10 cl de lait ● 4 œufs
- 15 g de levure de boulanger
- 80 g de beurre fondu
  + 10 g pour le moule
- 100 g de sucre en poudre
  + 1 cuil. à soupe
- 1 cuil. à soupe de rhum

- Le zeste d'un citron
- 1 cuil. à café de vanille liquide
- 1 pincée de sel
- 1 cuil. à soupe de fleur d'oranger
- 250 g de farine

Ustensiles

- 2 casseroles
- 1 saladier
- 1 fouet ● 1 spatule
- 1 moule à brioche

1 Préchauffez le four à 180° (th. 6). Faites tiédir le lait, ajoutez la levure de boulanger puis remuez.

2 Faites fondre le beurre dans une casserole. Dans un saladier, battez les œufs, le lait tiède, la levure, le beurre fondu, le sucre, le rhum, le zeste de citron, la vanille, le sel et ajoutez la fleur d'oranger.

3 Ajoutez progressivement la farine et malaxez jusqu'à ce que la pâte soit homogène.

4 Beurrez le moule à brioche, versez la pâte et laissez lever la pâte pendant 1 heure dans un endroit tiède.

5 Saupoudrez le dessus de la pâte avec du sucre et enfournez 30 minutes.

6 Vérifiez la cuisson en plantant la pointe d'un couteau dans le pastis, elle doit ressortir sèche.

❯ Les conseils du chef pâtissier

● Le terme « pastis » signifie gâteau en gascon et dérive du mot *pasta* (pâte) : il n'y a donc aucun lien avec le pastis (anisette), même si les différents arômes rappellent l'anis.

● **Variante** : Vous pouvez très bien varier les arômes ou en supprimer certains. Remplacez par exemple le rhum par du cognac, ajoutez de la cannelle dans la pâte...

● **Dégustation** : Dégustez le pastis landais avec de la crème anglaise ou comme une brioche.

Le quatre-quarts *aux pruneaux*

〉 Ingrédients *6 personnes*

- 250 g de pruneaux dénoyautés
- 2 cuil. à soupe de rhum
- 150 g de beurre mou
  + 10 g pour le moule
- 1 pincée de sel

- 150 g de sucre semoule
- 3 œufs
- 150 g de farine
- 100 g de noisettes broyées

〉 Ustensiles

- 4 saladiers
- 1 spatule
- 1 fouet électrique
- 1 moule rectangluaire

1 Placez les pruneaux dans un saladier et versez le rhum. Réservez 30 minutes.

2 Travaillez à la main le beurre, le sel et le sucre pour obtenir un mélange crémeux.

3 Cassez les œufs et séparez les blancs des jaunes. Ajoutez les jaunes d'œufs dans la pâte et mélangez.

4 Versez la farine en pluie et les noisettes broyées tout en mélangeant.

5 Montez les blancs d'œufs en neige bien ferme à l'aide d'un fouet électrique. Incorporez-les délicatement à la pâte.

6 Beurrez le moule. Versez la moitié de la pâte dans le moule. Ajoutez les pruneaux. Couvrez du reste de pâte. Mettez à cuire environ 40 minutes. Démoulez et laissez refroidir sur une grille.

〉 Les conseils du chef pâtissier

● Vous pouvez servir ce quatre-quarts tiède ou froid.

● **Variante 1 :** Vous pouvez accentuer les saveurs de ce gâteau en ajoutant 1 cuil. à soupe de rhum dans la pâte.

● **Variante 2 :** Les noisettes broyées peuvent être remplacées par de la noix de coco râpée ou des amandes en poudre.

Les croustillants *aux pruneaux*

❭ Ingrédients *4 personnes*

- 100 g de pruneaux dénoyautés
- 1 cuil. à soupe d'eau-de-vie ● 1 œuf
- 120 g de farine +15 g pour les moules
- 50 g de beurre mou + 10 g pour les moules
- 2 sachets de sucre vanillé
- 2 pincées de sel ● 40 g de cassonade
- 2 cuil. à soupe de crème fraîche

Pour le croustillant

- 50 g de farine ● 20 g de beurre
- 40 g de cassonade
- 4 pincées de cannelle en poudre
- 2 pincées de gingembre en poudre
- 2 pincées de sel
- 1 cuil. à soupe de cacao en poudre

❭ Ustensiles

- 1 bol
- 4 petits moules ronds à bords hauts
- 2 saladiers

1 Découpez les pruneaux en 2, déposez-les dans un bol, versez l'eau-de-vie et laissez reposer 15 minutes.

2 Beurrez les moules puis farinez-les légèrement. Préchauffez le four à 180° (th. 6).

3 Mélangez dans un saladier la farine et le beurre découpé en dés. Ajoutez la cassonade, le sucre vanillé et le sel puis incorporez l'œuf et la crème fraîche.

4 Mélangez dans un saladier la farine et le beurre découpé en dés. Ajoutez la cassonade, la cannelle, le gingembre et le sel. Versez si nécessaire 1 cuil. à soupe d'eau.

5 Garnissez les moules de pâte. Répartissez les pruneaux. Ajoutez un peu de mélange croustillant. Mettez au four environ 20 minutes.

6 Laissez tiédir et démoulez sur une grille. Laissez ensuite refroidir. Saupoudrez d'un peu de cacao au moment de servir.

❯ Les conseils du chef pâtissier

● **Variante :** Vous pouvez confectionner cette recette avec des prunes fraîches.
Dans ce cas, placez les fruits sur la couche de mélange croustillant.
● **Dégustation :** Ces croustillants peuvent se servir avec une crème fraîche fouettée et parfumée à la cannelle.

Les macarons *de Saint-Émilion*

> ❯ Ingrédients *18 macarons*

- 175 g de sucre
- 150 g d'amandes en poudre
- 3 blancs d'œufs
- 1 cuil. à café d'huile
- 40 g de sucre glace

> ❯ Ustensiles

- 1 saladier
- 1 spatule
- 1 fouet électrique
- 1 pinceau à pâtisserie
- 1 passoire fine

1 Préchauffez votre four à 180° (th. 6). Mélangez la moitié du sucre avec les amandes en poudre puis ajoutez 1 blanc d'œuf.

2 Ajoutez le reste de sucre, mélangez et terminez avec les 2 blancs d'œufs. La pâte doit être moelleuse.

3 Mélangez encore à l'aide d'un fouet électrique puis laissez reposer au frais pendant 30 minutes.

4 Recouvrez la plaque du four de papier sulfurisé huilé. Déposez des petites boules de pâte à l'aide d'une cuillère en les espaçant bien car les macarons vont gonfler à la cuisson.

5 Saupoudrez de sucre glace et faites cuire à 150° (th. 5) pendant 20 minutes en ouvrant la porte du four de temps en temps pour donner du moelleux aux macarons.

6 Détachez délicatement les macarons du papier sulfurisé dès la sortie du four. Servez-les froids.

> ## ❯ Les conseils du chef pâtissier

● Si la pâte vous semble dure, vous pouvez rajouter un peu de blanc d'œuf.

● **Variante :** Vous pouvez parfumer vos macarons avec un peu de vin blanc moelleux.

● **Dégustation :** Vous pouvez servir ces macarons avec un café, un bon chocolat chaud ou une glace au lait d'amandes.

Les petites brioches *bordelaises*

❭ Ingrédients *6 personnes*

- 15 g de levure fraîche de boulanger
- 5 cl de lait tiède
- 50 g de fruits confits
- 250 g de farine + 1 cuil. à soupe
- 2 œufs ● 70 g de sucre semoule
- 1/2 cuil. à café de sel

- Le zeste d'un demi-citron finement râpé
- 1 cuil. à café de rhum
- 125 g de beurre mou découpé en dés

Pour la dorure

- 1 œuf ● 3 cuil. à soupe d'eau

❭ Ustensiles

- 2 bols
- 2 saladiers
- 6 moules à muffins
- 1 pinceau à pâtisserie

1 Émiettez la levure et mélangez-la dans un bol avec le lait tiède.

2 Roulez les fruits confits dans la cuil. à soupe de farine. Versez la farine dans un saladier et creusez un puits. Déposez les œufs, le sucre semoule et le sel.

3 Incorporez la levure délayée et mélangez du bout des doigts. Travaillez la pâte 2 minutes puis incorporez le zeste de citron, le rhum et les fruits confits. Travaillez la pâte pendant environ 8 minutes.

4 Formez une boule, déposez-la dans un saladier, couvrez et laissez lever dans un endroit chaud pendant 30 minutes à l'abri des courants d'air.

5 Incorporez les dés de beurre dans la pâte. Déposez la pâte au froid pendant 3 heures au minimum. Puis travaillez la pâte encore quelques instants et déposez-la dans les moules. Couvrez d'un linge et laissez gonfler dans un endroit chaud pendant 1 heure 30.

6 Préchauffez le four à 180° (th. 6). Fouettez l'œuf avec les 3 cuil. à soupe d'eau. Badigeonnez le dessus des brioches de ce mélange. Mettez à cuire au four environ 20 minutes. Laissez refroidir sur une grille.

❯ Les conseils du chef pâtissier

● Utilisez de préférence des moulesà revêtement antiadhésif afin de faciliter le démoulage.

〉▌ Index